书·美好生活
Book & Life

书,当然要每日读。

青春期女孩养育

父母需要知道的事

〔日〕中野日出美 Nakano Hidemi —— 著

方旭 —— 译

北京时代华文书局

图书在版编目（CIP）数据

青春期女孩养育：父母需要知道的事 /（日）中野日出美著；方旭译. -- 北京：北京时代华文书局，2021.12
ISBN 978-7-5699-4252-1

Ⅰ. ①青… Ⅱ. ①中… ②方… Ⅲ. ①女性－青春期－家庭教育 Ⅳ. ①G782

中国版本图书馆CIP数据核字(2021)第225080号
北京市版权局著作权合同登记章 图字：01-2020-0507

SHISHUNKI NO ONNANOKO GA OYA NI MOTOMETEIRU KOTO
Copyright © 2018 by Hidemi NAKANO
Interior illustrations by sayasans
All rights reserved.
First published in Japan in 2018 by Daiwashuppan, Inc. Japan.
Chinese translation rights arranged with PHP Institute, Inc., Japan.
through CREEK & RIVER CO.,LTD. and CREEK & RIVER SHANGHAI CO., Ltd.

青春期女孩养育：父母需要知道的事
QINGCHUNQI NVHAI YANGYU FUMU XUYAO ZHIDAO DE SHI

著　　者 | [日]中野日出美
译　　者 | 方　旭

出 版 人 | 陈　涛
图书策划 | 陈丽杰　冯雪雪
责任编辑 | 袁思远
执行编辑 | 冯雪雪
责任校对 | 凤宝莲
内文插画 | sayasans
封面插画 | 路荣荣
封面设计 | 左左工作室
内文版式 | 孙丽莉
责任印制 | 訾　敬

出版发行 | 北京时代华文书局 http://www.bjsdsj.com.cn
　　　　　北京市东城区安定门外大街138号皇城国际大厦A座8楼
　　　　　邮编：100011　电话：010-64267955　64267677

印　　刷 | 河北京平诚乾印刷有限公司　010-60247905
　　　　　（如发现印装质量问题，请与印刷厂联系调换）

开　　本 | 880mm×1230mm　1/32　印　张 | 6.5　字　数 | 110千字
版　　次 | 2022年4月第1版　　　　印　次 | 2022年4月第1次印刷
书　　号 | ISBN 978-7-5699-4252-1
定　　价 | 45.00元

版权所有，侵权必究

前言

给正在为青春期的女儿担心的您——

感谢您翻阅此书。

"我虽然喜欢身为父母的您,但却不喜欢身为人的您。"

当年,当还是中学生的女儿对我说出这句话时,我愣了半晌。

我的女儿从初中三年级开始旷课。她童年时性格稳重,几乎不与朋友吵架,成绩也很优秀。

她在家里虽然也没有惹什么大麻烦,但身为家长的我还是充满了困惑和焦虑。

原因是女儿的人际关系出了问题。

因为考试迫在眉睫,所以我想让女儿尽早重返学校,但是对校方并不信任,对与女儿闹矛盾的女孩子心怀愤怒。

同时,女儿的情绪一天天恶化,我却不能为她做些什么,真是感到非常惭愧和内疚。

我想,必须要为女儿做点什么,于是拼命地读了许多有关教育和育儿的书籍。

每本书的内容都非常正确,却没有具体的指导意义,找不到我所求的答案。

即便如此,我仍然想要帮助女儿,想让她勇敢面对人际关系上的挫折,于是便不断地鼓励她,并告诫她在人际关系中需要注意的问题。

就在这时,女儿冷不丁地抛给我一句话:"我虽然喜欢身为父母的您,但却不怎么喜欢身为人的您。"

我就像被人用锤子当面重击。

"为什么?我作为家长那么努力地为你……虽然喜欢身为父母的我,但却不怎么喜欢身为人的我,什么意思?"

当然,因为害怕面对真实的答案,我没有直接问女儿。

如今我已经非常明白了。那时候的我,确实可能是世人眼中的"好家长",但是,作为一个独立的人的时候……

从那以后,我学习了一种涉及心理学和潜意识的心理疗法，明白了：要想育人，只凭细枝末节上的技巧，是绝对解决不了问题的。

曾经的我，深信普通的理想育儿理论，满脑子想的都是如何履行身为父母的职责。

但是，当孩子遇到问题时，真正需要的是父母能看清事情的本质，父母也要能作为一个独立的人面对自己。

这20年来，从我所研究、交流、分析的心理学知识的实践中，我总结出一个结论：人的一生的长足发展，源于童年时对父母言行举止和人生态度的学习。

也就是说，孩子所面对的问题，根源在于从父母那里学来的生活方式和态度。

因此，青春期的孩子遇到挫折时，只是将他们扶起来是远远不够的。父母应该意识到更深层次的问题。

女儿旷课的时候，我为了让女儿振作起来，刻意表现得非常积极热情。但是，当我意识到这么做没有用时，便改变了策略。

当我面对自己时，女儿的内心深处也有所触动。

这种方法应用了现代催眠、神经语言程序学（NLP）[1]等心理疗法。

从那以后，我在20年间应用沟通分析理论[2]、现代催眠、NLP等方法，对3000多人进行过心理治疗。这种方法不仅能解决表面的问题，更可以深入影响孩子的内心。

不仅如此，它还能照亮孩子人生的前路。不是"头痛医头，脚痛医脚"的"术"，而是从根本上解决问题的"道"。

如今我已将这种方法教授给了有青春期孩子的父母，他们也付诸了实践。

您也许会心存疑虑，觉得说得这么天花乱坠，有点可疑吧。但是，的的确确有许多的父母凭借这种方法改善了与孩子的关系，彼此的人生也好转起来。

---

[1]译注：一门研究人类"大脑""语言""行为"三者如何运作与影响个人思维、行动模式的学问。

[2]译注：由美国精神科医师艾瑞克·伯恩（Eric Berne）所提出，是一门运用广泛的心理治疗理论。

在这里，我就将他们的反馈稍作介绍吧——

- 当我们发现上初二的女儿有割腕自残行为的时候，丈夫狠狠地训斥了她。我自认为教女有方，但女儿还是渐渐沉入自己的世界不能自拔。但是，自从跟随中野老师开始学习后，我们夫妇二人的意识开始转变了。虽然现在也有一些烦恼，但是身为父母，可以说很有自信去支持和鼓励女儿了。真是非常感谢。

（Y女士，39岁）

- 女儿在学校里遭受了霸凌，丈夫和次子知道了此事，家里的氛围变得很沉重。但是，中野老师说不可以这么下去，给了我很多建议。现在，曾经经历的痛苦就像是噩梦一样过去，女儿开心地重返学校，家人脸上也露出了笑容。谢谢！

（K女士，45岁）

- 女儿进入叛逆期后，我觉得自己身为母亲却被讨厌，实在是惭愧。当时甚至到了只要与女儿相处就觉得痛苦的地步。因此，在不知不觉间我与女儿的距离越来越远了。中野老师指出我这一点做得不对，令我豁然开朗。我对女儿的爱绝非虚言，所以重新振作，在处理与女儿的关系上继续努力。后来，女儿对我说："那个时候，对不起呀，妈妈。"我的眼泪止不住地流下来了。

（M女士，40岁）

- 女儿从上中学开始，变得有些叛逆。虽然对此早有心理准备，但作为父亲，感觉还是很难受。一次我不小心说了让女儿不高兴的话，更加被她讨厌了……然而，在中野老师给我有针对性的建议、我遵照着执行了之后，大概只过了几个月吧，女儿就主动来跟我说话，真是惊喜！

（N先生，50岁）

- 自从女儿得了进食障碍，对我来说那简直是地狱般的日子。我还经常对怎么也吃不下东西的女儿发脾气。但是，中野老师指出我这样做不对，让我先改正自身的问题，并对女儿宽容些。不知不觉间，我面对女儿的心情不同了，女儿的体重也开始渐渐增长。虽然前路还漫长，但我相信一定没问题。

(S女士，42岁)

在这里只能介绍一部分反馈，但大家的反响都非常好。我想在这里说一句非常重要的话：

您需要意识到的是，您在身为父母之前，首先是一个独立的人。

因为您也是一个人，所以就算面对世界上最爱的女儿，有时候会生气，也会因为无法理解彼此的心情而郁闷，甚至好心办坏事……这时，您大概会自责，并对孩子感到抱歉吧。或者不明白自己为什么非得这么劳心费神而生闷气吧。

这都是因为，您发自内心地深爱着孩子。正因为您比任何人都爱着孩子，对孩子的事比对自己还要上心，所以您才会心痛、才会失眠、才会愤怒、才会痛苦。

我深切地理解这种身为父母的心情。在本书中，介绍了很多应用心理学和作用于潜意识的心理疗法的应用，教家长们如何解决青春期女孩可能遇到的问题。但是，不管有多少种方法，都只是为了贯彻以下两点的手段而已：

一、让女儿明白，父母是世界上最爱她的人。

二、为女儿付出，也是身为父母的您的幸福。

希望您明白这两点，这对您女儿的身心发展，乃至未来的人生，都有重要的影响。

"啊？这是什么意思？"或许您会有疑问，当您读完本书后，我相信您会得到答案。对翻开本书的您，我衷心希望您能与最爱的女儿一起，度过温暖幸福的人生。

亲子心理交流协会代表 中野日出美

目录

序章
青春期是纠正养育方式的关键时期

1. 您知道青春期女孩的特征吗？ / 002
2. 父母应该对青春期女孩采取的 3 种方式 / 006
3. 父母对孩子人生的影响非常大 / 012
4. 青春期女孩容易存在的问题，可以分为 5 类 / 019

第一章
正因为女孩普遍早熟，所以要细心地照顾
——心理与身体的问题

1. 对身体发育感到疑惑 / 024

2 对性的问题产生兴趣 / 028

3 情绪不稳定 / 032

4 过度关注脸蛋和身材 / 034

5 不太自信 / 036

6 因为完美主义而对所有事情都过分要求 / 038

致身为家长的您 / 040

促进孩子身心发展的"如果问题" / 045

第二章
在"女生的战场"上生存下来需要一定的技巧
—— 人际关系的问题

1 女生团体间存在地位高低关系 / 048

2 团体内部也存在上下级关系 / 050

3 被全班同学欺负 / 054

4 欺负同伴 / 058

5 无意中伤害了别人 / 060

6 经常说朋友的坏话 / 062

7 总是被朋友使唤来使唤去 / 066

8 不能接受疼爱自己的祖父母或宠物的死亡 / 068

致身为家长的您 / 072

提高孩子人际关系能力的"如果问题" / 077

第三章
有关将来的重要目标:成为"独立女性"
—— 学习的问题

1 就是不学习 / 080

2 说"我太笨了,所以学不好" / 082

3 成绩慢慢下滑 / 086

4 努力学习了但是成绩仍旧很差 ／088

5 孩子说"不知道学习的意义" ／090

6 不知道金钱的重要性 ／094

7 总以为"因为是女孩子,所以……" ／098

致身为家长的您 ／100

提高孩子学习能力的"如果问题" ／105

第四章
"适度的距离感"是这样的
—— 亲子关系的问题

1 不遵守家庭规则,总是叛逆反抗 ／108

2 威胁父母,把父母当笨蛋、当佣人 ／110

3 孝顺、不叛逆,还经常帮忙做家务 ／114

4 讨厌父亲或母亲 ／118

5 不像亲子，几乎是朋友间的关系 / 120

6 双亲关系不好、分居或者在闹离婚 / 122

7 为了迎合父母的期待而过分努力 / 124

致身为家长的您 / 128

改善亲子关系的"如果问题" / 133

第五章
为了不加剧伤害，父母最应该注意的地方
—— 危险行为的问题

1 开始旷课 / 136

2 穿花哨的服装，梳华丽的发型 / 138

3 用约会软件 / 140

4 有偷窃、夜不归宿等不良行为 / 142

5 身边有在性行为上轻率的同伴 / 146

6 患上厌食症或暴食症 / 148

7 有割腕等自残行为 / 152

致身为家长的您 / 156

保护孩子不陷入危险的"如果问题" / 161

终 章
父母应该培养青春期女孩的 5 种能力，以及不应该做的 11 件事

1 父母应该培养青春期女孩的 5 种能力 / 164

2 青春期女孩的父母不应该做的 11 件事 / 170

3 父母疗愈自己，自然能解决孩子的问题 / 181

后记 | 父母幸福的话，孩子也一定能够幸福—— / 185

序章

青春期是纠正养育方式的关键时期

青春期的女孩身心处于不稳定的发育期,非常敏感。

小孩以上,成人未满。

女孩在自立和依赖之间纠结摇摆,而且她周围的环境也充满了潜在的危险!

所以说女孩到了青春期,对父母来说真是非常关键。

女孩的青春期对于父母来说无疑是养育之路的最大难关。

但正是这个时期,是纠正养育方式的关键时期。

1

您知道青春期女孩的特征吗？

◆ 青春期女孩在许多方面都有烦恼

不管是男孩还是女孩，青春期的孩子情绪上不稳定，在人际关系、学习方面也存在诸多问题，这都令父母们感到困惑、棘手。特别是女孩，她们与男孩相比身心更加早熟，因此会更早地遇到各种问题。

让我们来了解青春期女孩常见的特征吧。

1. 身体上有显著的变化，情绪上也容易变得不稳定

女孩子一般从 10 岁开始就进入了青春期。从这个时期开始，女孩的身体变得圆润，腋毛和阴毛开始生长，乳房也逐渐发育起来。

当然，每个人的身体状况各不相同，同一班级的女孩中有发育快的，也有发育慢的。而且每个女孩多少都有一点青春期的羞耻心和不安感。

另外，除了对身体上的发育感到困惑，青春期女孩还由于受荷尔蒙分泌的影响，情绪上不稳定，即便对寻常小事也会动不动就生气、伤心。

2. 苦恼于复杂的人际关系

一旦进入青春期，女孩的人际关系圈就从过去的以家庭为中心，转变为以朋友为中心了。这种人际关系也并不单纯，女孩们在看不见的地方上演着上下层级关系斗争和心理战争。特别要注意的是校园欺凌，女生小团体内部的矛盾，常常演化为"女孩的战场"。这对青春期女孩来说，是相当大的压力。

3. 与成绩相关的烦恼增加

不仅是麻烦的人际关系,学校明确开始成绩排名也是在青春期。成绩好的孩子和成绩差的孩子,在班级中的地位完全不同,这严重影响了孩子的自尊。

这个时期的男孩常有成绩突然提高的现象,但女孩常在学习中遇到问题,丧失自信,甚至连对未来的期许也下降了。

4. 容易伤害别人,也容易被人伤害

青春期女孩的心,简直像玻璃工艺品一样脆弱。在脆弱的自我中探究自我,正处在自我塑造的关键时期的青春期女孩们,对他人如何看待自己相当敏感。

因为一些微不足道的小事而受伤,自尊受挫,在无意识中渐渐受到伤害,这在青春期女孩中也很常见。

而且,社会上有很多以青春期女孩为目标的犯罪。

5.既想独立,又想依赖父母,纠结不已

女孩动不动就心情不好、做出叛逆的举动,也多是从青春期开始的。外表看上去恭敬有礼,在家里却常常不听话,还与父母顶嘴。她们开始把父母作为一个"人"来打量,开始讨厌父亲、看不起母亲。

她们想作为一个独立的大人被认可,但另一方面,离开了父母又无法独立生存,这种纠结的心情和无力感折磨着青春期的女孩。

以上几点,是青春期女孩典型的特征。

接下来,我要介绍面对这样的青春期女孩,作为父母应该作何态度来应对这些问题。

2

父母应该对青春期女孩采取的 3 种方式

● 青春期的女孩周围潜伏着危险

青春期对女孩来说潜伏着许多危险。

校园霸凌、女生之间的较劲自不必说，还有对将来的不安、对容貌外表的过度讲究、对恋爱的蠢蠢欲动……各种各样的问题都有发生的可能性。

现代社会中女孩卷入网络犯罪和性犯罪的危险性也在升高，青春期可以说是女性人生中最危险的时期了。

另外，由于青春期女孩对自己不自信，也可能发生自残、进食障碍等伤害自己的行为。

像这样不仅可能被别人伤害，也可能被自己伤害，是青春期女孩的特征之一。

我通过20多年的心理学治疗临床经验，发现如何度过青春期，对女性将来的人生会产生巨大的影响。

女孩将来能按自己的理想过上自由幸福的人生，还是过着被他人左右、充满后悔的人生，可以说正是青春期为此奠定了基础。

● 用泛泛的方法不能从根本上解决问题

当女孩子处在对她们来说极其重要的青春期，我们父母到底能够做些什么呢？

我的女儿非常老实真诚，可以说是不用父母操心的"别人家的孩子"。但进入青春期，从来不曾叛逆的女儿也出现了问题。那是在上初中的时候。不论在学校还是在家里都是"乖乖女"的女儿，在人际关系上遇到了大问题。

我虽然向学校抗议说"这从父母看来完全就是霸凌"，但校方和欺凌者根本不予理会，后来女儿就不去学校了。

当时，我不断地问自己：到底为什么会这样？我明明完全按照育儿书上来做的。身为父母，我到底哪里做错了？

后来，经历了一些曲折，女儿总算又开始上学了。如今，我通过学习心理学和潜意识相关的知识，通过心理治疗师的工作，见识了各种各样的亲子关系，终于得到了答案。

那就是：在解决青春期女孩的问题时，身为父母，是不能只用泛泛的方法的。同时，父母作为一个独立的人，也必须要具备灵活面对各种问题的知识和表现力。

虽然您可能会觉得"好难啊"，但不要紧。因为在本书中，我将把自己作为两个孩子的母亲以及作为日本在潜意识领域耕耘最深的心理治疗师所拥有的知识和经验，全部和盘托出，在您读完这一本书的时候，将会对"身为父母应该做什么"这个问题的答案异常明了，因此请一定带着期待读下去。

● 想要靠近孩子时、面对孩子时、拥抱孩子时

在面对存在诸多问题的青春期女孩时,用指指点点、唠唠叨叨的方法是行不通的。

虽说如此,但她们仍旧是孩子,这也是事实。

有许多事情,必须由父母教给她们。有时候也需要好好训斥一下。但是,要想明确这种"保护"和"训斥"的界限,是很难的。

"保护"和"放任"不同,"训斥"和"生气"也不同。

无论如何不要忘记的是,不管是在"保护"的时候,还是在"训斥"的时候,都要让孩子明白:父母是发自内心地深爱着孩子的。也就是说,根据孩子的问题和状况的不同,父母要与孩子保持适当的距离,必须采取妥当的相处方式。

我认为,在面对青春期的孩子时,应该采取以下 3 种方式:

第一,温柔地保护孩子,轻轻地靠近她。
第二,好好地正视、面对孩子。

第三，紧紧地拥抱孩子的内心，告诉孩子"我爱你"。让我依次来说明吧。

首先，所谓"靠近"，是用心地关注正处于向大人阶段过渡、焦躁不安的青春期孩子，温柔地守护孩子，支持她勇敢面对挑战。

其次，"正视、面对"是指，有时需要站在孩子面前，用心对视，一边教育孩子，一边正视父母自身的问题。

然后，"紧紧地拥抱"是指，无须特别的理由，给孩子的身心一个温暖的、紧紧的拥抱。

本书针对青春期女孩的身心、人际关系、学习等方面存在的问题，剖析其深层原因，并提出解决的方法。其中，关于在具体情况下应该采取"靠近""面对""拥抱"中的哪种方式，也尽可能详尽地予以说明。

当然，根据问题和具体情况的不同，有时候也需要同时兼顾"靠近"和"面对"两种方式灵活地运用。

虽然本书并不能涵盖所有孩子可能遇到的具体问题，但在了解多种问题的解决方法后，相信您一定能找到解决自己孩子问题的独特方式。

不管怎么说,建议您在阅读本书时有意识地思考"靠近""面对""拥抱"这3种方式,这样效果会大大提升。

3

父母对孩子人生的影响非常大

● 人是按照潜意识中的"人生脚本"来生活的

心理学中的沟通分析理论认为,人在童年时与父母的相处方式决定了对自己的认知和未来的生活方式。这简直就像是电影或电视剧的场景一样,人生已写好了"就是按照这样的方式与人交往、生活和死亡的",这就是"人生脚本"。

"人生脚本"存在于潜意识的深处,所以一般来说人不会意识到自己的人生会是什么样。

但是，就像是魔法的咒语一般，在不知不觉间，我们就按照着人生脚本的内容上演着人生的戏剧。

构成"人生脚本"的要素，是父母对孩子传达的语言、非语言的信息，以及父母自身的生活方式。也就是说，孩子从父母那里接收到信息，目睹了父母的生活方式，把这些写到了自己的"人生脚本"上。

虽说"人生脚本"在童年时就形成了，但是从我多年的心理治疗经验来看，青春期才是排演这个剧本的时期。

因此，如果青春期的排演顺利，孩子的人生也许就会按照剧本那样继续下去，如果排演不顺利，人生脚本也许就会改写。

当然，童年时形成的"人生脚本"如果能将孩子引导到幸福的人生道路，父母可以帮助孩子顺利地排演它。但是，如果感觉"人生脚本"会将孩子引向不幸的结局，就有必要通过青春期的排演,将剧本改写为能带来幸福结局的内容。也就是说,父母在孩子的青春期,还可以帮孩子把"人生脚本"往更好的方面改写。

● 路漫漫其修远兮

相信您已经明白,青春期对孩子的人生来说,是非常重要的时期。如果换个角度来看,孩子的青春期对父母来说,也是可以消除以前育儿阶段的遗憾的时期。

在拙作《女孩养育课:在女孩潜意识里种下7颗"幸福种子"》中,我论述了父母应该如何处理青春期前的孩子的潜意识问题。

实际上,在青春期前的育儿阶段,孩子的"人生脚本"业已完成,是非常重要的时期。那么,是不是说过了这段时期,到了青春期,一切就晚了呢?

当然不是。如前所述,我从超过3000例的亲子关系心理治疗经验中,明白了在青春期也可以改写孩子的"人生脚本"。

所以,孩子处于青春期的您:

为了不留下遗憾，请一定要好好地与青春期的孩子相处。

顺便一提，与青春期孩子相处最重要的一点是，不能用浮于表面的、不自然的方式，而是要触及孩子的心灵深处。

不管父母有多么想要靠近、面对、拥抱孩子，如果不能好好地将这份心情传达给孩子，一切都没有意义。

在本书中，我介绍了如何靠近孩子的心、如何认真地面对孩子、如何紧紧地拥抱孩子心灵。只要认真地实践，您的心情一定能传达给孩子，请放心吧。

● 父母和孩子就像镜子一般，映照彼此

天下没有不希望自己孩子幸福的父母，父母把孩子的事放在自己之上，只要是为了孩子，父母什么都可以做。

过去，我的女儿曾受到校园欺凌，最后演变为厌学旷课。

当时的我非常困惑不解，只是一味地对欺负人的同学和校方感到愤怒，对无力的自己感到恼火。"我已经做

了身为父母应该做的一切，但却完全没有解决女儿的问题……到底要怎么做才好？"我就像在黑暗中挣扎一般痛苦。

如今想来，那是在所难免的。因为那时我根本不知道最重要的是什么。

那么，最重要的是什么呢？

那就是，父母和孩子就像是镜子内外的影像一样，如果父母心里有伤，就一定会以某种形式表现在孩子身上。

乍看之下，父母的心灵世界与孩子的问题似乎毫无关系，但实际上却关系颇深。

我通过学习心理学和潜意识的知识，并从海量的亲子关系样本中明白了这一点。也就是说，身为母亲的我没有治愈好自己，我的女儿在潜意识中就会在"人生脚本"中写下"我无法按自己的意愿来享受人生"，而且只靠流于表面的、一般的处理方法，是无法改写孩子的人生脚本的。

"因为身为父母的我没有治愈好自己，心里还有伤痛，所以无法改写女儿的'人生脚本'。所以，我首先要做的是治愈自己的心灵创伤。"

这么一想，我从此便开始积极地治疗自己的内心深处的伤痛。

具体来说，就是在想象中，与存在在我潜意识中的"内在小孩（Inner Child）"对话。我称之为"内在小孩疗法"。

老实说，这对我真的是一段痛苦的经历。虽然当时在想象中与内在小孩见面时，我都会哭，但是渐渐地，我的伤痛得到了疗愈。

于是，我变得怎样了呢？首先，我对待孩子们的心情和态度开始发生了明显的变化。接着，我意识到自己曾经受到的创伤，在接纳、承认、疗愈的过程中，我自己的人生也开始发生了好的转变。与此同时，女儿的各种问题也发生好转，第二年，女儿可以照常上学了。

通过这次成功经验而获得自信的我，从那以后开始积极地向为孩子问题头疼的来访者介绍这种处理方法。来访者同时也意识到自己心灵的创伤，开始疗愈。

于是，不仅是来访者的人生发生了转变，连孩子的问题也得到了解决。

乍看之下，孩子的问题与父母的内心伤痛似乎毫无瓜葛，但实际上二者却有密切的关联。

因此，本书不仅会谈到对待孩子问题的方法，也会论及疗愈您心灵创伤的方法。就算是为了心爱的女儿，请您一定要面对自己内心深处的伤痛，好好地疗愈自己吧。

4
青春期女孩容易存在的问题，可以分为 5 类

● **那么，您准备好了吗？**

本书首先将青春期女孩所面临的问题分为 5 类，分别在第一章到第五章中进行阐述。

第一章介绍了敏感、易受伤的青春期女孩的心理与身体的问题。

第二章介绍了在可以称为"女生的战场"的青春期中，女孩所面临的人际关系问题。

第三章讲了与女孩未来人生直接相关的学习问题。

第四章论及了最让父母头疼的日常亲子关系问题。

第五章说的是父母最应该警惕、防止的青春期女孩特有的危险行为问题及其对策。

在各章中，对孩子容易陷入的问题，我分别举例，针对青春期女孩在潜意识中希望的事、对女孩来说必要的教养方式，以及父母的应对策略进行了说明。

在各章的最后，我增添了"致身为父母的您"（其中包含"治愈父母的童年创伤"），还有能够作用于父母潜意识的"如果问题"。

通过思考和回答这些"如果问题"，父母的潜意识就会被揭开，在不知不觉间，就会让女儿远离各种问题的困扰，从而走向更加成功的人生。

请您一个人，或是夫妇二人，或是偶尔与女儿一起，一边带着幽默一边回答这些问题，效果会更好。

在终章里，我介绍了父母应该培养青春期女孩的5种能力，以及父母绝对不可以做的11件事。

在本书中，我将自己在教育青春期女儿时未曾意识到

的问题,以及一般的育儿书中没有写过的内容,都毫无保留地写了下来。

我衷心希望,本书中的某一章、某一节,哪怕是某一行,能够对您有所启发,让您女儿的人生更加闪耀。

第一章

正因为女孩普遍早熟，所以要细心地照顾
——心理与身体的问题

青春期女孩的心理和身体就像玻璃工艺品一样稚嫩、脆弱。

为了成为既不伤害别人，也不被别人伤害的女性，有必要教给孩子保护身心的方法。

为此，绝对有必要教的一点是『拥有自我肯定感』。

1

对身体发育感到疑惑

"哎呀，麻纪子真是的，最近胸部是不是变大啦？但是麻纪子还只是个孩子啊……"

麻纪子（小学六年级）最近胸部的膨胀有点明显，虽然觉得应该穿上文胸了，但是她却对母亲难以启齿。

一般来说，女孩的身心发育比男孩要早几年。有些孩子在小学四年级胸部就开始发育，有的还会长出阴毛和腋毛了。在之后的一两年内，有些孩子就会迎来月经初潮。

通过大量的心理治疗经验，我知道了很多女性对初潮前后的身体发育感到羞耻。可怕的是,就算长大成人后,作为女性的自信和生活方式也会受到较大的影响。

作为女孩,会因为没有注意初潮的到来而弄脏了衣服,被父母指责;月经来了也不好意思和朋友说;在学校里没办法换卫生巾;因为胸部的大小而被男生嘲弄……

这些事在大人看来似乎没什么了不起,但是对青春期的女孩来说,实在是无地自容、如坐针毡。

大部分有这些感受的女孩，她们的父母在潜意识中认为"别成为女人"，并在不知不觉间将这个信息传递给了女儿。

比如，父母本来想要一个男孩，父亲瞧不起母亲、母亲讨厌女性化的举止等，这些信息都会传递给孩子。

这样，孩子就会在无意识中认定"不可以成为一个成年女性"。然后，在胸部开始发育、身体变得圆润的时候，孩子就会厌恶自己，试图隐瞒自己身体的变化。

还有，有些母亲无意识中厌恶、否认女儿长大，忽略了女儿身体的发育。因此，女孩在尚未做好心理准备时就迎来了初潮，胸部明明已经大到需要文胸了，却对父母隐瞒……这样，女孩就算长大成人也会留下心理阴影。

对于身体急速成长的青春期女孩来说，需要的是父母对她们成长的认同、发自内心的高兴，以及教给她们合适的应对方法，特别是来自母亲的信息，会成为女孩"如何作为女性生存"的教科书。

如果母亲嘴上说"女性了不起"，但在实际生活中，母亲身为一个女性并不能过着满足、幸福的生活，女孩的潜意识中就会认为"做女人很无聊，很不幸"。这种非语言性的信息，比直接的语言更有影响力。而且，孩子会模仿同性的家长。所以，对女孩子来说，母亲的生活方式对她们的影响是很大的。

如果母亲对自己的生活方式感到有些不自信，可以先对孩子说："迄今为止，妈妈作为女性并没有感到十分快乐，但是我决定今后要努力让自己快乐。你今后身体会逐渐发育、变得女性化，那是非常令人兴奋的事，一点儿也不必觉得羞耻。"然后，好好告诉女儿穿文胸的必要性和使用卫生巾的方法。

2

对性的问题产生兴趣

"我家女儿好像有了男朋友,每天回家的时间变晚了,说什么也不听……除了置之不理也没有别的办法了。"

美里(高一)的男朋友是一名比她大两岁的高中三年级生。他已经不满足于接吻之类的事,但美里不知道该怎么应对。

对于有女儿的家长来说,最担心的就是"性侵害"。

实际上,在我的来访者当中,很多人在青春期的时候遭遇过性侵。其中大部分人都没有报警,也没有告诉家长,只是把这份伤痛留在心里，就算长大成人了，作为女性的自我认知也一直受到影响。

公开发表的数据显示，强奸等性犯罪数量连年增加，实际上，未公开的数据比这要严重数十倍。而且大多数场合下，加害者不是陌生人，而是熟人：男朋友、朋友、朋友的哥哥、表兄弟、老师……

令人吃惊的是，谁都有可能成为加害者。其中最令人恶心的是，父亲、祖父、哥哥、伯父（叔父）等有血缘关系者，也会对女孩进行性骚扰或侵害。

这对青春期女孩来说，几乎没有可以喘息的地方了。对于没有对抗能力的女孩来说，在遇到侵害的时候，只能身体僵硬、心灵空虚地等待一切快点结束。

不幸的是，很多遭遇性侵害的女孩会由此产生对男性的不信任、性恐惧症，以及包括性依存症在内的各种依存症，还有自残、进食障碍、抑郁症等问题。

除了这些容易理解的问题之外，还有一部分女孩会产生"自己很脏""自己已经被玷污了"等自我厌恶和自我否定的情绪。

如果女孩在中小学或青春期开始时就受到了性侵害，之后的人生更容易受到负面影响。

比如，她会很轻易地将身体交给正在交往的男友，自己选择去做一些容易受到性侵害的行为，无意识中去选择一些可能伤害自己的男性。

之所以会很容易陷入类似这样的事情，大概是因为受到性侵害的经历让她们在潜意识中认为"自己不是重要的人""自己就算被伤害也没办法"。

还不止于此。如果父母不能完全接受、认可孩子本身的存在并真诚地去爱她，那么孩子就会认为"自己是没有价值的人"。

如果孩子对性的问题感兴趣,作为父母,首先应该了解与抚慰孩子内心的伤痛和寂寞。"妈妈可能没有很好地表达对你的爱。对不起!但是,妈妈是世界上最爱你的人。所以,请你一定要珍视自己。"请试着这样坦诚地与女儿沟通吧。

3

情绪不稳定

"我家女儿非常容易情绪化,一会儿生气,一会儿又流泪……"

多惠子(初二)的母亲似乎对情绪化的多惠子相当苦恼。

青春期是女孩身心成长为大人的准备阶段。虽然女孩身体上发生了急速的成长,但是心理上的成长速度却远不及身体的成长速度。

更不用说现代社会,女孩初潮期呈现低龄化,同时青春期的结束却越拉越晚。也就是说,精神上的成长延后了。从少女成长为真正的大人所需的时间在变长。

所谓青春期变长,也可以说是情绪不稳定期在延长。因此,需要父母在某种程度上接受、保护孩子。但是,这也绝不意味着父母可以放任不管。

易怒,向身边的人发泄。因为一点小事就情绪低落,总是觉得不安。像这些不适当的情绪,是因为孩子在潜意识中认为"自己没有适当地处理问题的能力"。

感到愤怒的时候,要思考如何发展保护自己的能力。

感到悲伤的时候,要思考如何发展适当地宣泄悲伤的能力。

感到不安的时候,要思考如何发展防止不幸的能力。

正因为女孩觉得自己没有这些能力,才会情绪化。

身为父母,在孩子情绪化的时候,首先应该接受她,然后告诉她"我明白,很难受吧",向她表明自己感同身受。像这样,就算一点点也好,让孩子学会这些"思考能力"。

4

过度关注脸蛋和身材

"我们家女儿说想要做整形手术呢。"

初二的结子因为想要把单眼皮变成大大的双眼皮,还想把嘴唇变得丰满些,说想要做美容和整形手术。

进入青春期,女孩开始在意自己的外貌,开始憧憬偶像和模特那样的脸蛋、身材,很多女孩子开始减肥,希望做整形手术。

实际上,与以前相反,现在做整形手术的人越来越低龄化。总是有孩子不满足于一次的手术,而是一次次地整形，最终对整形的部位不满意而后悔。

这些孩子的潜意识认为"原本的自己得不到认可""女人只有漂亮才有价值"。

她们可能通过自己母亲的生活方式和工作，或者看见母亲穿着与年龄不相符的衣服、画着不适合自己的妆容，而在潜意识中认为"漂亮可爱的女人才有价值"。

年轻貌美固然好，但我想让孩子们在注意外表之前，先理解内在修养的意义。

最重要的是，父母要接受、认可孩子的脸蛋和身材，告诉她们自己原装相貌的优点，比如："妈妈倒是觉得你自己的眼睛很可爱呀。要是整形的话多可惜啊。"

在此之上，我认为父母的责任是对孩子在脸蛋和身材之外的个性与能力进行培养，这样才能让孩子一生都拥有自信。

5

不太自信

"哎呀,我们家由香遇到什么事情总是说'反正我这样的人'……"

由香(初三)对自己没什么自信,只要碰上点挫折就会情绪低落,也不能很好地挑战新事物。

孩子想要在人生中获取成功和幸福,最重要的是拥有"自我肯定感"。

所谓自我肯定感,是指"自己认为自己是有价值,值得被人发自内心地爱,也可以爱别人"。

如果女孩自我肯定感低，就不能信任自己或他人，容易在人际关系上遇到各种问题。

还有，如果女孩不知道珍惜自己，就会在不知不觉间选择伤害自我的行为，或者选择与会伤害自己的人为伴。

话说回来，自我肯定感的基础来源于婴儿或童年时与父母的相处。因此，如果青春期的女孩对自己没自信，总是说"反正我这样的人""我做不到"之类的话，那么有可能问题源于年幼时与父母的关系不好。

您也许会想："那么，现在已经晚了吗？"

没关系。

确实，孩子越小，越容易受到父母的影响。但是，人无论到了几岁，都有改变的可能。所以，就算孩子已经长大，只要父母自身改变，孩子一定也会开始朝着好的方向改变。

您可以向孩子传达："你出生的时候，爸爸妈妈真的都好高兴""你的存在就让爸爸妈妈感到很幸福了"。这样，孩子应该就可以重新认识到自己的存在是多么重要了。

6

因为完美主义而对所有事情都过分要求

"我们家女儿太过认真了,学习、课外活动……所有的事情都太努力了。"

尤佳子(初三)是学生会的成员,也就是所谓的优等生。她讨厌失败,也绝不向人倾吐自己的脆弱。

从父母的角度来看,这是令人羡慕的孩子。但是,这种过分努力的状态,能一直持续下去吗?

就算是大人,如果平时全职工作,回到家后要做家务带孩子,周末还要服务家人,也会筋疲力尽的。

那样的话，无论多么善解人意的人，也会想要抱怨，偶尔也会爆发出一两句"不想干了！"之类的话吧。从来不说自己的压力，只是每天不断地努力，这样的人，总有一天会像薪火一样燃烧殆尽，只剩一堆灰烬了。

现在，越是完美主义者，越容易患上抑郁症，被无力感所侵蚀。

如果青春期的孩子因为什么都想要完美而过分努力，那么她的潜意识中可能认为自己"必须要拼命努力""不能休息""不完美就完蛋了"。

如果父母总是对孩子说"努力，再努力""只有努力才有出路"，或者拿孩子与别的孩子比较，或者把自己未实现的梦寄托在孩子身上，孩子就有可能把自己逼得太紧。

虽然努力不是坏事，但如果不能劳逸结合，绷得过紧的神经可能会断裂，一旦遇上失败就会跌倒爬不起来。

请教会孩子好好休息、劳逸结合吧。我推荐的方法是，在家庭生活中加入一些幽默和欢笑，也可以事先录好搞笑节目，与孩子一同观看。

致身为家长的您

对小女孩来说,成长路上有很多危险。不断有绑架女孩和受害者被发现时已经完全变了样的犯罪事件发生。

这对青春期女孩也是一样的。虽然数据没有公开,但实际上有很多女孩遭遇了伤害。

有些女孩虽然没有被卷入类似的案件,但却遭到了交往男友的暴力对待。

还有的女孩有割腕、进食障碍等自我伤害的行为出现。

还有些女孩在人际关系中被他人指使来指使去,甚至对酒精、购物、性、药物等产生依赖。这就是青春期。

◆ 将来，为了成为不伤害别人，也不被伤害的女性

为了成为不被别人伤害，不自伤也不伤害他人的女性，平稳度过青春期是很关键的。

如果要问为什么，那是因为青春期出现的问题会对今后的人生产生巨大的影响，青春期就像是人生的前哨战。

一个人会度过怎样的人生取决于潜意识，从相当年幼时就开始形成了。但是，通过心理治疗的临床经验，我意识到人大多是在青春期才开始实践存在于潜意识中的人生脚本。

所以，就算童年时在潜意识中描绘了毁灭式的人生脚本，只要在青春期很好地把问题解决，就能将人生脚本改写。

这简直就像是格林童话中的"睡美人"那样，就算出生时被下了"公主在15岁的生日时死去"的诅咒，也可以改写为"公主不是死去，而是陷入长长的睡眠"。

要让孩子成为不被他人伤害也不自伤的女性，父母能做的是，培养孩子的自我肯定感。

这是我在本书所有章节中想要传递的最重要的一点。

自我肯定感高的孩子，不仅会珍视自己的身心，也会珍惜他人。

提高青春期孩子自我肯定感的方法，在本书中随处可见，但在那之前我无论如何都想先说明的是，如果父母自身的自我肯定感低，孩子的自我肯定感也会低。

提高自我肯定感，重要的是治愈自己潜意识中的内心伤痛。

所以，本书在介绍如何解决青春期女孩所遇到的问题的同时，也希望您能治愈自己童年时代所受的创伤。

◆ 治愈父母的童年创伤

迄今为止，我通过心理治疗的工作，有机会分析了多种的亲子关系。因此我明白了，孩子身上的大部分问题，实际上与父母在童年时所受的创伤有很大关系。

实际上，我见过很多父母疗愈了自己的创伤，孩子的问题也得到改善的案例。

因此，我准备了以下方案，作为父母的您可以试一试。

● 您喜欢自己吗？

- 您在童年时得到父母无条件的爱了吗?
- 您的父母发自内心地关爱您、抚爱您吗?
- 您的父母了解您真正希望做的事情吗?
- 您的父母把您的事放在自己的事之前优先考虑了吗?

如果您对这5个问题并不能发自内心地都回答"YES"……请闭上眼睛,想象小时候的自己。

- 在记忆中,最需要父母帮助、但父母却没有做到的是什么时候?

- 当时您是怎样的表情?
- 您当时真正想对父母说的话是什么?

请您靠近那个小小的自己,紧紧地握住他/她的手,给他/她一个拥抱,然后说:"我知道你很寂寞、痛苦,哭出来也没关系哦。一直都在努力吧,我很明白你的事,我很喜欢你。今后会更加喜欢的。"

当那个小人儿展开笑容时,您内心的伤痛也将得到疗愈。

促进孩子身心发展的「如果问题」

这些"如果问题",只要试着回答它们,身为父母的您的潜意识就会被揭开,您将能够获得启发,提高保护孩子身心发展的能力。

"如果,现在您的孩子能回到刚出生的时候,仙子可以赠送给她一种魔力来保护她的身心,您希望她获得什么样的能力?"

您会如何回答？大概有很多答案浮上心头吧,比如"绝对不会被人伤害的坚强的心""不会得癌症的免疫力""远离危险的人的预知能力"等。

实际上,让人不会得病的药、远离事故的预知能力等,如果有的话当然好,但是现实中还是遥不可及的。

但是您可以与孩子一起思考:"为了练就一颗不会受伤的坚强的心,要怎么做？""什么样的生活方式可以远离癌症？""如何才能拥有辨别好人坏人的能力？"……

这可以让您深入潜意识,也是您与孩子交流的良好契机。

第二章

在『女生的战场』上生存下来
需要一定的技巧
——人际关系的问题

女生的战场,是很残酷的。

只靠漂亮和温柔功夫是生存不下来的。

对于女生,重要的是如何能够不伤害别人,自己也不受伤害,稳健又灵活地战斗。

1

女生团体间存在地位高低关系

"女生很快就能结成小团体。团体内部会形成阶层，我们家女儿有时会说'我们的团体地位低，所以……'之类的话。"

里美（初二）所属的团体，怎么说呢，都是些在班级内不起眼的女生。

您听说过"校园阶级"吗？

这与学生在校园内的人气度、权力等在身份等级上有明显影响的因素有关，而在青春期，这表现得更为明显。

特别是女生，很容易形成小团体，在小团体内也有阶级。比如，属于洋气的体育课外活动组的女生团体，在年级和班级里一般有较高的地位。与此相反，老实土气的女生团体地位较低。

年龄越大，对流行比较了解、能够轻松地逛街、游玩的女孩子地位越高。

在大人乍看之下，这简直太傻瓜了，但如果仔细思考，校园层级就是成人社会的缩影。

女生的世界更加残酷，层级高低对孩子在同伴中的地位影响是决定性的。

孩子从属于哪个团体、那个团体从属于哪个层级，会在孩子的潜意识中产生影响，还会影响孩子的交流能力。

孩子一旦进入青春期，父母有必要知道"大家可能相处不好"。父母需要知道自己的孩子属于哪样的层级，在这个小王国里，孩子有怎样的苦恼。

2

团体内部也存在上下级关系

"最近觉得我们家孩子表现有点怪,一了解才知道她好像不知为何被玩得好的同伴们排挤了……"

美穗(初一)所属的团体内,被排挤的人逐次变化。

在前文中介绍了小团体间的层级,但在女生的小团体内,不同的层级还有不同的角色。

团体内大致分为 5 种角色。

首先,有一位"女王大人"。女王大人掌握着团体内的支配权。因此,团体内的孩子们基本上都按照女王大人的意愿来行动。

女王大人有一位"侍从"。就像是身边宠臣的角色，因为有女王大人的信任，所以能对其他孩子行使权力。

第三种角色是讨好女王大人、跑腿的"捧哏"，常常为了贯彻女王大人的意愿而散布谣言。

第四种角色是偏中立的"旁观者"。这种孩子也会与其他团体交往，在团体间出入自由，如果有点什么事就会转入其他团体。

第五种角色就是被其他人欺负、排挤、成为他人发泄的"献祭的羔羊"。

"献祭的羔羊"角色是轮转的。有时候是"侍从"，有时候是"捧哏"，有时候是"旁观者"。

虽然有人认为"不如不要加入这种麻烦的团体"，但对青春期女孩来说，这种团体就是与同伴共同战斗、彼此守护的阵地。

被团体排挤，对女孩子来说，就像是战场上的难民。

真的，女孩的世界就是战场。

成为"女王大人"的孩子的潜意识中，会认为"我是特别的女孩，可以使唤没有我优秀的人"。更深一层，她会有"人不值得信任。只要露出弱点就会被抓住"之类的恐怖感。

"侍从"或"捧哏"会认为"自己只能靠为有权力的人做事才能生存"。

"旁观者"会觉得"要审时度势，灵活稳健地生存"，或者"绝不可以相信人，为了明哲保身可以背叛别人"。

另外，因为谁都有可能成为"献祭的羔羊"，一旦沦为"献祭的羔羊"，孩子可能就不敢相信别人，总是对人际关系抱有不安。

不管如何，重要的是父母先要客观地看待孩子。

然后，要知道"父母总是袒护孩子的"，所以，父母要用稍微严厉的目光观察孩子，如果女儿在团体内扮演了"女王大人"的角色，要教导她"要考虑别人、克制自己"。

如果您女儿是"侍从"或"捧哏"的角色，父母要告诉她"要按自己的意愿生活，要自立"。

如果您女儿是"旁观者"，在人际关系上没什么问题，本人也很享受校园生活，那就这样也没关系。如果不是这样，父母就教育她"要保持诚实"。

如果很不幸地，孩子是"献祭的羔羊"……我将在下一节加以说明。

3

被全班同学欺负

"最初以为我们家孩子只是受到了小团体的排挤,结果好像在整个班级都受到了欺负。"

小樱(初一)被班里的男生嫌弃说"烦死了""好恶心",结果好像连女生也无视小樱了。

在女生团体内,有时候会把某个孩子当作"献祭的羔羊"排挤她。这虽然是彻头彻尾的霸凌,但是却意外地不会波及其他团体,只会在团体内将矛头指向下一个目标。

但是,如果涉及男生,或者被多数的女子团体嫌弃、排挤、无视等，这种欺凌的情况就比较麻烦、难以改变，持续的周期也会更长。

与小时候不同，青春期孩子的欺凌更加难以分辨，不是那么表面化的。欺凌者采用的方法也不是能立刻被老师和父母察觉到的，更加阴险。

因为孩子觉得"不想让父母担心""感到羞耻""至少想在家里做一个普通的孩子"等，大部分因为校园霸凌而自杀的孩子，他们的父母基本都是在孩子死的时候才第一次知道霸凌的存在。

对受到欺负的女孩来说，在学校的日子简直就像是在地狱，尤其是午休休息时间，是非常悲惨的。

这不是因为一个人而感到寂寞。没有一个可以说话的人、孤零零地形单影只——这样的情况被别人知道，这样的现实摆在眼前，对青春期女孩来说，是非常羞耻、痛苦的事。

无法对父母开口说自己被欺负，这些孩子的潜意识中认为自己"绝对不能辜负父母的期望，不能让父母难过"。她们有为父母一死的决心，她们大多是温柔孝顺的孩子。

孩子的随身物品有没有消失？零用钱有没有减少？衣服有没有弄破弄脏？夜里有没有做噩梦？……为了守护孩子，请父母留心这些事。还有，是不是把一直带在身边的手机放在一旁，没有食欲，睡不着等，也要注意这些信号。

这个时候，父母不要急着问："你是不是受到欺负了？"因为这会让孩子更加沉默。请在其他兄弟姐妹不在时，轻声地问："怎么了？爸爸妈妈永远站在你这一边，什么都可以告诉我们的。"

如果发现孩子被欺负了，父母绝对不可以说"你为什么没有还击呢？""被欺负的一方也有问题"之类的话。

身为父母,首先要对孩子说:"谢谢,你都说出来了。真的很难受吧,让我们一起克服吧。我们绝对不会做让你为难的事,放心吧。"然后,要拼命地保护孩子。这不是指去学校抗议,或者直接登门去欺凌者的家里谈判。这会让孩子在学校失去容身之处。目标是守护孩子的心灵、生命和人生。为此,不能感情用事,而是要与孩子一起研究什么才是最有利的策略。有时候根据实际情况,也可以考虑搬家或转校等。

4

欺负同伴

"不小心瞥见女儿手机上有'去死吧'这样的话，不禁心头一紧。"

在亚里沙（初二）的团体里，小舞成了"献祭的羔羊"。因为女王大人的命令，别人必须每天在 LINE 上给她发一遍"去死吧"。

家中可爱的小天使，居然背地里在欺负别人……家长会觉得实在是难以置信吧。但是，根据具体情况的不同，现在无论什么样的孩子都有可能欺负别人。

欺负别人的人，或者助纣为虐的人，在潜意识里是这么想的："我没有解决问题的能力，只能听从有能力的人。"

欺负别人的孩子会发出某种信号。比如，语言态度恶劣，消瘦憔悴，欺负弟弟妹妹，和哥哥姐姐吵架等。

他们在心底难受地呼叫着"好寂寞啊""没有人理解我""反正我这样的人怎么样都无所谓"。而且，他们会这样认为，就算自己不想去欺负别人，但是如果不加入欺负别人的行列，自己可能就会变成被欺负的目标。

这种情况下，父母可以先对孩子说："原来如此，你也很痛苦吧，因为伤害别人是不可能快乐的。那个被欺负的孩子可能会一生都留下心理阴影吧。如果一直这么做，那个孩子也许会自杀，那时候后悔就来不及了。那么，让我们一起来想想可以怎么解决吧。"首先要表示对孩子的心灵和立场感同身受，其次要促进孩子对被欺负的孩子产生同理心。

然后，父母可以视具体情况，联络学生小团体的其他父母们，与老师等相关人员沟通，尽早解救那个被欺负的孩子。因为团体中"献祭的羔羊"角色是轮转的，这样做也是在保护自己的孩子。

5

无意中伤害了别人

"哎呀,女孩子真是讨厌。总是排挤来排挤去,但反正是按顺序来的,所以不用太在意。"

吉美(初一)最近被从小学起就关系很好的小绿给无视了。

就像我多次所说的,在女生的小团体内每个人有各自的角色分工,被大家愚弄、排挤的"献祭的羔羊"角色是轮转的。

对于排挤者的父母们来说,这只不过是"孩子闹着玩";

但对于被排挤者的父母来说，这真的是不能忍。

这只会招致对排挤作恶者的怨恨。比如说，一方认为只是在开玩笑，但另一方却感到受伤，这其实就是欺凌。

像这样的"非主观欺凌"，是因为欺负的一方欠缺共情力、想象力、交流能力和语言能力。她们自私、自我，认为"别人的心情怎么样都无所谓""只要自己开心就行了"。

但是，在潜意识里，她们的想法是："反正人与人之间无法互相理解""反正我与别人无法形成互相关爱同情的关系""反正我是不被爱的人，被讨厌是理所应当的，总有一天会被抛弃的"。

如果孩子在无意中做了伤害朋友的事，您可以在日常的交流中引导她发展共情力，比如与她交流"你做某事的时候，是什么样的心情？""今天上班的时候，有人对我说这样的话，真是非常羞耻。""某某是怎么想的才会做这种事啊？"之类的话。如此日积月累，便可慢慢减少孩子在无意中对他人的伤害了。

6

经常说朋友的坏话

"不知道为什么,我们家孩子总是在电话或 LINE 上说朋友的坏话。"

小薰(初二)在放学回家后,总是用电话、邮件或 LINE 与朋友联络,谈话的内容基本都是关于其他朋友的坏话。

女孩的世界纷繁复杂。昨天还在一起有说有笑的伙伴,今天就可能态度来个一百八十度大转变,冷漠地无视对方……还真是应了那句老话——"昨日之友乃今日之敌"。

朋友关系简直如同翻云覆雨，态度转变如此之快的理由，大多是嫉妒、背叛、支配欲等，例如：朋友对喜欢的男生抛媚眼、从别人口中听说一直装好人的朋友背后说自己的坏话、朋友似乎在觊觎自己的位置、为了显得与别的朋友关系更好，等等。

这些理由虽然看上去很无聊，但即便在成年女性的世界，这样丑陋的争执也是存在的。与成人的世界相比，青春期女孩的争执更加青涩、隐秘、凄惨和卑劣。被攻击的孩子被剥夺了作为人的尊严和自信，是非常痛苦的。

恐怕，迄今为止一次都没有说过别人坏话的女孩根本不存在吧。但是，每个人说别人坏话的程度有所不同。

那些总是说别人坏话、排挤别人的孩子，在潜意识中是这么想的："人不可以信任。别人总是觊觎自己的东西，伺机夺取""要在被别人攻击前先下手为强"。

也就是说，她们日常总想着"会有人来抢自己的东西""会被别人伤害"，战战兢兢地过活。

因为，她们无法信任别人，总是轻易地背叛友情、伤害别人，在内心深处，她们也无法信任自己。

人在潜意识中，会倾向于把自己所听所说的内容也当成是形容自己的。因此，在显意识上说别人的坏话，就会在潜意识中认为这些坏话也是指向自己的。

也就是说，如果潜意识中夸赞别人，自己也会变成那样的人；如果总是诋毁别人，自己也会变成被自己诋毁的那样的人（这被称为"暗示"）。

所以，在日常生活中，父母有必要对子女好言相待。

所谓"好言"，例如温柔的话、夸赞的话、让人开心的话、情绪平稳的话等。这不仅是对孩子，对别人也是一样。

如果父母教育孩子"要对别人好言相待"，自己却在与朋友的电话中说"气死我了,那个家伙去死吧!"之类的话,孩子就会认为"生气的时候就可以那样发泄"。

如果孩子总是说朋友的坏话,对别人发火生气,就会对自己失去自信,也无法相信别人,也会恐惧自己的东西被夺,或者被伤害。

请您找时间好好与孩子说话,拥抱她的心灵,消除她的不安与恐惧吧。

7

总是被朋友使唤来使唤去

"我们家孩子很老实,感觉总是被朋友利用,呼来喝去的……"

利佳(初一)总是喜欢和强势的孩子玩,总是成为她们的跟班。

孩子总是和强势、任性的孩子玩,虽然心里不想但还是不得不这么做,总是被朋友拜托做这做那……

您在童年时,也遇到过这样的孩子吧?担当这种角色的,大多是老实、温顺的孩子。她们无法说出自己真正想说的话、想做的事，而总是把朋友的情绪和需求放在第一位。实际上她们应该是非常疲惫的。

即便如此，孩子还是无法出言反抗，而是微笑着忍耐、配合……这些孩子的潜意识里是这样想的："自己不重要""自己的心情和需求不值一提""自己没有做决策的能力，还是让强势的人代为做决定好了"等。

于是，即便长大成人，女孩也会被朋友、恋人、同事等所左右，最终筋疲力尽，也无法过上真正想要的生活。

如果您的孩子有这种倾向，那么建议在日常生活中，哪怕只是很小的事情，也要创造机会让孩子自己去做选择。

"今晚的晚饭，是吃咖喱还是汉堡呢？""能帮爸爸选一下领带吗？"像这样，让孩子自己思考，培养孩子自己做选择的能力。

身为父母，在日常生活中注意倾听、了解孩子的心声，"现在是什么感觉呢？""你想做什么呢？"人要有自己选择、自己决定的能力。告诉孩子这一点，会对孩子今后的人生起重大作用。

8

不能接受疼爱自己的祖父母或宠物的死亡

"半年前孩子的祖母去世了,当时她还没有太过悲伤,但是渐渐地,我发现孩子的体重开始下降,现在已经旷课不去学校了……"

麻里子(初一)曾经是个非常开朗的女孩。祖母去世后,在表面上她虽没有什么异常,但最终却发展为旷课,她的妈妈不知道该怎么办。

临床心理治疗中,我注意到一点:如果孩子在青春期失去疼爱自己的祖父母或者可爱的宠物,没能在表面将内心的悲伤充分表现出来，那么他之后的人生就很可能出现一些问题。

我的客户A子（当时23岁）在初二时曾因为患感冒而吃不下饭，后来感冒痊愈了，还是吃不下饭。

后来她被诊断为进食障碍，直到中学毕业，她一直在住院出院之间来回折腾。之后她好不容易进了高中，但是进食障碍、自残、拔自己头发等行为一直在困扰着她。

在治疗中，经过沟通，我才知道一切的根源是因为初一时最疼爱她的祖母过世了。

之后，通过我的治疗，让她把对祖母的悲伤释放出来，并做了告别仪式，渐渐地，她的症状得以消除。现在A子已经是一个健康开朗的母亲了。

以前，家庭人员比较多，家里常常需要看护生病的祖父母，就算没有特别地教孩子，孩子也能自然地有了解"死亡"的机会。

但是，现在的家庭人数减少，如果不给父母和孩子充分释放悲伤和压力的机会，那么就算祖父母去世了，但对孩子来说，"死亡"这个概念还很模糊。

于是，孩子的潜意识里就会刻下："只要麻痹自己的心，就感觉不到悲痛了"。确实,这么做在当时也许能把伤害降到最低。但是,失去至亲至爱的悲痛将埋藏在孩子的心底,从此孩子会封闭自我。

这份悲伤如果在人生的某个节点不小心被打开,孩子的身心就会受到重创,人生也将失去平衡。

因此,在这里我想说一些重点。那就是:悲伤,绝对不是不好的感情。

的确,如果是没什么大不了的小事,或者是追悔莫及的失败,很难说这些事产生的悲伤是好事。但是,人生中有些事,是我们无论怎么努力,也无能为力的。其中之一,就是失去至亲至爱。这时,尽情放声大哭、悲叹,可以让自己接受至亲去世的事实,也有利于平复过去,面对今后的人生。

所以,不要因为"青春期是麻烦的年龄""对考试有影响"等原因去回避死亡的话题,最好让孩子正视、面对至亲的逝去。当然,这种时候父母需要做孩子心灵的有力支撑,在必要时要紧紧地抱住孩子。

"我知道你痛苦、难受、寂寞,我也一样",与孩子一起痛哭、倾诉。这能慰藉孩子的心灵。

另外，现在大部分家庭中也有猫狗等宠物。宠物年老多病后，需要相当多的照顾。当宠物死后，与孩子一起悲伤，时机合适时与孩子说些怀念的话。请您和孩子一起克服失去至亲至爱的悲伤吧。

致身为家长的您

正如本章所述,青春期女孩的世界,就是战场,脸上带笑,背后捅刀……像这类的心理战层出不穷。

如果青春期的女孩在"女生的战场"上惨败,她在今后的人生中可能就会留下心理阴影,不敢信任别人,容易失去自信。

虽说如此,也不能一味逃避战场。请记住:只要女性聚集的地方,就有战争。

● 为了能在"女生的战场"上生存下来

我的女儿在上中学时,在"女生的战场"上受了伤,还因此旷课。

失去笑容的女儿,只有在睡着时脸上才露出久违的微笑。身为父母,真是有难以言喻的悲痛和愤怒。

女生的战场上不仅有语言暴力，不成文规定似的眼神与态度，装作玩笑似的行为，也都是凶器。所以，老师和周围的旁人是很难判断这到底是"欺凌"还是"彼此闹着玩"。

有时候孩子还会被当成是被害妄想症，不得不哭着入睡。

那么，要在这样的世界稳健地生存下来，身为父母，到底应该为孩子做些什么？首先，要尽力帮助孩子成为一个被人喜欢、信赖、不被欺负的人。为此，只靠温柔是不行的，必须要强而有力。但是，所谓强有力，绝不是指欺负别人，而是能够明确地表达自己的意见，并且和谐地传递给他人的"强"，不党不群、一个人也能行动办事的"强"，为了保护自己和所珍爱的人与事而战斗的"强"，即便受伤，也能重新振作的"强"。

然后，父母还需要帮助孩子发展能够识别让自己安全稳妥地生活的群体及交朋友的能力。也就是说，这种"强"，也是一种灵活地审时度势。

父母要在日常生活中创造与孩子交流的机会，一点点引导、教授。妈妈可以用"如果是妈妈的话呀……"之类开头,谈谈自己的经验或者朋友的意见。

顺便一提,我的女儿长大后对我说:"我从中学时的那段经历中学习了很多,之后的人际关系变得相当顺利。"

如果您的女儿现在在女生的战场上失败了,也不要太灰心,总有一天,这段经历会成为保护女儿的强大武器。

◆ 治愈父母的童年创伤

如果父母自身在童年时受过伤害,在不知不觉间会在孩子的潜意识中留下印记。然后,孩子可能也会变得不敢相信别人、畏惧人际关系。她就会对人际关系中遇到各种各样的问题心怀不安。

对女孩子来说,这还会影响未来的恋爱结婚,以及将来与小孩的关系等。

如果您在童年时曾在人际关系方面受过伤,请一定打开封闭的内心,将伤痛疗愈。

"人这种生物,到底是不可信的。"

"自己总是受到伤害。"

"最后大家都会抛弃自己的吧。"

"人生不是输就是赢。"

"只要依靠比自己强大的人就好了。"

您是不是这样想的?

除此之外,您还有没有想到别的有关人际关系方面的伤痛?

如果还有,请您在心中再次重现当时的体验和场景。

然后,请您回想当时童年时的自己受伤害时的场面。

请您想象童年时的自己——那个小小的孩子——的那

双眼睛。

- 那是一双怎样的眼睛?
- 那个小小的孩子现在是怎样的心情?
- 对那个孩子来说,什么是必要的话语、体验和存在?

请您一定对那个孩子说:"你一直在这里啊。一直没能注意到你,对不起。有那样的经历,很痛苦吧? 哭出来也没关系哦。你是有思想能力、有爱人和被爱能力的孩子。没关系,不要紧的。"这有助于您疗愈童年时受过伤的心。

提高孩子人际关系能力的"如果问题"

这些"如果问题",只要试着回答它们,身为父母的您的潜意识就会被揭开,您将获得启发,提高孩子在人际关系方面的应对能力。

"如果您的女儿可以获得'让任何男性都爱上自己的魅力'或者'被所有女性喜欢的魅力',您会让她选择哪种呢?"

哪一个??

这真的很难决定吧。

"这肯定选让男性喜欢的魅力吧！这样的话，就可以钓上有钱人或者好莱坞明星，一夜之间就能走上人生巅峰啊！"

"让女儿被讨厌的男人喜欢上，这种事想想就让我恶心。不被男人喜欢也没什么关系啊。"

想法有各种各样。不管选哪个，都有利有弊。

最棒的大概是，被所爱的男性所爱，被想亲近的女性喜欢。那么，能成功做到这一点的女性，有哪些魅力呢？怎样做才能获得这些魅力呢？为培养出这样的孩子，父母又要怎么做呢？可以和孩子一起聊聊这些话题。

第三章

有关将来的重要目标：成为「独立女性」
——学习的问题

如果孩子问您『为什么要学习？』您能毫不犹豫地回答吗？

正因为处于当今的时代，女孩也需要取得学历和就业资格。

为此，提高学习能力变得非常重要。

将来是成为依赖男人生存的女性，还是成为自给自足的独立女性，现在正是分水岭。

1

就是不学习

"明明努力就能提高成绩的,但我们家孩子就是不努力。"

莉娜(初二)虽然想着"必须要学习",但是总会被电视、游戏、手机等分心。

"你已经是中学生了,要是不好好学习,可能会很伤脑筋的"——很多父母都这么说。

如果进一步询问"伤脑筋的是谁?",大部分父母的反应都会是"要是不好好学习,孩子将来可不就要伤脑筋吗？"但是，孩子自己好像并没有多伤脑筋。

孩子不学习是有原因的。关于这些原因，在之后的章节我会慢慢展开来说，但是首先要明确的是，孩子不学习，伤脑筋的是父母；以及为什么父母想要孩子学习。

"给我去学习！"——父母总是这么对孩子说，带着威胁、恳求和规劝。

"吵死了""我说过我知道了""嗯，稍后""下次考试开始努力"——孩子这么回答。

但是，孩子们真实的想法是"虽然知道必须要学习，但就是不想学""虽然有心学习，但是身体不想动啊""真的除了学习之外没有别的路了吗？"等。

如果要问为什么，那是因为在不想学习的孩子的潜意识中，是这么认为的："人生还是及时行乐吧""自己做不到那么努力""自己是个平庸的人，混个差不多的日子就行了"。

因此，要想让孩子学习，父母就得先从孩子的潜意识开始引导，要让孩子主动自觉地"想要学习"。请记住这一点。

2

说"我太笨了,所以学不好"

"我们家女儿总是说'因为我是笨蛋,所以学习不好',所以我就不自觉地冲口而出:'说这种话的才是笨蛋!'……"

美佳(初一)认为:"我成绩不好是因为头脑笨,再怎么努力也没有用。"

我在小学二年级的时候,不管怎么努力,都不会读也不会写,生词和拼音也看不懂,让老师和父母非常担心。

如果是现在,可能有老师或父母意识到这也许是学习障碍的一种，但是在当时，几乎没有具备此类知识的大人。

每天放学回家后，我就"扑通"一下坐到贴着拼音字母表的书桌前，努力试图要记住它们，睁大眼睛瞪着。这情景我现在还历历在目。

当时，还是小孩子的我在心里想："我肯定就像大家说的那样，是一个笨蛋，所以记不住。"

后来，我总算克服了学习障碍，升入了大学、研究生院。

我为什么能克服学习障碍呢？那是因为我的父母没有对我失望，并且耐心地用我可以接受的方法教我学习字的读写。

有很多孩子觉得自己学习不行，认为"自己是笨蛋、

头脑不聪明"，特别是女孩，更容易这么认为。

这些女孩的潜意识中，可能隐藏着这些想法："自己可能哪里不对劲""自己是次品""女孩子学习不怎么好也没办法""因为不聪明所以没办法"，等等。

但是，只要不是患有学习方面的障碍或疾病，就不存在因为头脑笨所以无法学习的理由。成绩不好不是因为笨，而是因为没有按"可以提高成绩的方法"来学习。

事不成，非不能，而是不为。女孩认为自己笨所以成绩不好，也太可悲了。因为这么想，她会越来越不想学习，成绩越来越差，这样，就更加没有自信了……

这就陷入了恶性循环。

如果您的孩子说"因为我头脑不好，所以没劲学习"，您就要认为孩子已经对自己没有自信、处在自我肯定感极低的状态了。

父母千万不要说这些消极、叹息的话："为什么做不到呢？""你看朋友家的那个就在努力""又没做到啊，哎——"这样会愈发打击孩子的积极性。

父母应该这样对孩子说："你怎么会觉得自己笨呢？你看，你有想象力，和你一起说话也非常快乐。不如试着改变一下学习的方法吧!让我们一起来想好不好?"

然后,为了鼓励孩子树立起自信心,父母要在每天的生活细节中发现孩子的优点,毫不吝惜地给予褒奖。或者,您也可以与孩子谈谈自己的事,比如"我在工作上犯了错,真是失败。好没自信啊——"之类。这样,孩子就能以客观的视角看待自己所说的话和自己所处的状况。

父母还可以让孩子帮忙做些清扫浴室、收拾餐具等的家务,并对孩子表示感谢:"谢谢,你帮了大忙了。"

为了提高孩子的自信心,父母要积极地了解孩子的想法,拥抱他们,给予他们信心。

3

成绩慢慢下滑

"我们家孩子过去学习一直很好的,但最近成绩渐渐下滑了,真是令人担心。"

加奈(初二)从小学时成绩就很好,进入初中后也保持着优异的成绩。但是,最近成绩渐渐下滑,加奈本人也陷入情绪低谷。

小学时成绩很好的孩子,常常被说是神童,但是进入初中后却泯然众人。我们经常能听到类似的故事。特别是女孩,她们比男孩早熟,有很多女孩很早就过分认真地努力学习,从而取得了好成绩。

但是,等到了初中,男生就后起直追,超越女生了。相对来说,女孩的成绩就下降了,为此很多女孩丧失了自信。这时候也许需要女孩自己调整情绪、改变学习方法、去上补习班、摸索学习策略等。

但是,其中也有一部分孩子是因为在小学时过分努力,因为筋疲力尽而导致成绩下降的。

她们的潜意识里也许是这样想的:"我因为成绩好才被爱的""只有让父母高兴,我的存在才有意义"。

如果您的孩子迄今为止一直很努力地用功学习,那么或许稍微地放松和休息才是正确的解决方法。

另一方面,如果孩子的成绩突然下滑,那么要考虑她是否在学校遭遇了霸凌、是否因为家庭关系不和、是否因为身心健康出了问题等。请父母仔细地观察孩子的状态。

如果是家庭的原因,首先要想办法让孩子安心。如果是食欲不振、失眠、腹痛等身体原因,要第一时间带孩子去医院就诊。没有迅速行动而导致更大问题的例子屡见不鲜,作为家长要充分注意。

4

努力学习了但是成绩仍旧很差

"我们家孩子真的在努力学习,但是成绩总是倒数……"

真子(初二)性格沉稳,每天都很刻苦地学习。但是,她不论在学校还是补习班,成绩都不佳,父母也不知道该怎么办好。

首先要考虑是不是在"效率低下地学习"?

是不是总是在同一个问题上打转?

是不是在学习时无法集中精神,疲疲沓沓?

是不是没有真正地记忆、理解，只是在磨洋工？

如果是这样，孩子的潜意识里可能是这么想的："努力的过程比结果更重要""反正我是无法成功的"。

其次要考虑的是，孩子是否有"学习障碍"，在学习方面是不是存在什么问题。学习障碍会阻碍孩子识字、计算、记忆等。

如果父母怀疑孩子存在学习障碍，就要尽早咨询专门机构，接受诊断治疗，帮助孩子找到适合她的学习方法。

如果孩子学习效率低下，父母绝不可以对孩子说"学习和努力本身很重要"之类的话，而是要试着了解孩子的学习方法，帮助孩子做出根本性的改变。

比如，对于学习时疲疲沓沓的孩子，要给她设置闹钟，限制她解题的时间。

对于抄写参考书时，光拿笔记本就要磨蹭掉不少时间的孩子，要教她边走路边大声读书。

对于解题速度慢的孩子，先让她看答案，然后再学习和记住解题方法……

像这样灵活地改变学习方法，试着找出适合孩子自己的学习方法。

5

孩子说"不知道学习的意义"

"我们家的女儿说什么'在学校学的东西将来也用不上',怎么也不肯学习。"

明代(初三)不喜欢学习,也不想上名校。她好像不知道为什么要学习。

"为什么必须要学习?"如果孩子这么问您,您会做何回答?

"学习就是小孩的工作""别问奇怪的问题了,赶快去学习""世界上有很多孩子想学习却没有机会",等等,很容易这么回答吧。

但是,如果是青春期的孩子这么问,可能是她们发自内心的真正疑问。

不论在学校还是家里,都被告诫要"学习、学习",回过神来时才发觉自己"不想学习",不禁生出疑问:"那么,为什么必须要学习呢?"

如果不知道学习的意义和目的,就鼓不起干劲。被迫学习效率不高,自然也不容易理解和记忆。

孩子还小的时候,父母常对她们说"学习很快乐,等完成了这个就奖励你贴纸"之类的话,"诱骗"着孩子学习。但是,等进入青春期,奖励、零花钱、游戏等小奖品就不管用了。

与此相比,应该让孩子主动学习,让学习变成愉悦的事情。那么,该怎么做呢?

要让孩子明白学习的意义和目的。不明白学习意义的孩子,在潜意识里可能是这么想的:"我想及时行乐""反正我将来也成不了什么大人物""人生啊,今朝有酒今朝醉,明日愁来明日愁""反正天塌下来总有别人顶着"。

可怕的是,当这些孩子长大成人,很难去发现人生的

价值和意义，不能依靠自己的能力去谋生，于是陷入依赖男人和父母的人生路径。

以前盛行这样的价值观："女孩子只要被有能力的男性看中，嫁人做个好太太就够了""女孩子过分努力学习，会不可爱的"，等等。

但是，现在不仅独身的女性增多，就算结了婚，靠男人一个人的力量就能养家的时代也一去不复返了。现代社会中有三分之一的夫妇会离婚。在我的客户中，有很多人虽然想离婚，但是因为没有经济实力养孩子所以离不了，在痛苦中挣扎。

考虑到这些现状，女孩子有必要努力学习，尽可能地取得高学历和专业技能以适应工作的需求。这样的话，她就可以做自己喜欢的工作，自己赚钱，快乐地过生活，结婚也好，不结婚也好；有孩子也好，没孩子也好。

青春期对女孩来说，是一段重要的打基础时期。有必要让女孩知道女性在社会中的现状、遇到的问题、人生的现实与残酷，并引导她们思考自己想要如何度过自己的人生。

要教育她们，学习和不学习对人生的影响是巨大的。职业选择、交往的人、将来的经济能力、自由等都会受到学业的影响，也就是说，人生的选择是截然不同的。

即便现在看上去与自己感兴趣的领域毫不相干的科目，也是一般教育的基础，能够扩展自己的思考能力。

请身为父母的您，谈谈自己的体验或其他人的人生经历，用电视、电影、小说等，告诉女儿有关人生的"原因与结果"吧。

6

不知道金钱的重要性

"我问孩子'你想要什么?',她总是回答'没什么想要的'。我想女孩子没什么欲望也不是坏事吧。"

理惠子(初一)是独生女,是被父母和祖父母宠着长大的。

现代大部分家庭的孩子数目都不多,经济上比过去富裕多了,因此都能更好地抚养孩子。

这虽然不错,但是对孩子有求必应,甚至在孩子开口之前就把东西买给孩子,这就有问题了。

无论是多么为孩子着想，如果孩子要什么给什么，就可能给孩子的潜意识里种下"需要的东西总会有人买给我""得到东西并不是多么快乐的事"等想法。

这样孩子就会变成没有野心和欲望的人，会搞不明白将来要成为什么样的人，要过怎样的生活，要得到些什么东西。同样，她也会缺少拼命努力工作、学习的欲望。

当然，与此相反，"为了教育她，别的孩子都有的东西也不买给她""成绩变差了，就不买东西给孩子"等，有造就贪婪人格的危险。

如果孩子总是觉得"不满足、不满足"，很可能会说谎，或者把别人当作垫脚石。您也不希望自己的孩子变成那样吧。

所以，重要的是让孩子适度地得到满足、适度地忍耐、节制。对青春期的孩子有必要进行金钱方面的诸多教育。

如果父母有"金钱很肮脏""太有钱了会变得不幸""钱只要够用就行了"等的想法，孩子的潜意识中也会根植同样的价值观。这样，等孩子长大了，就只能挣到刚刚够生活的钱，或者只要手里有余钱就会产生罪恶感。

因此，我希望父母能让孩子感到"金钱是能丰富人生的美好之物""有钱就可以过自由的生活"等。

当然，如果孩子对金钱产生无穷无尽的欲望也很麻烦，需要教育孩子，尤其是女孩，要靠自己去赚钱。钱不是靠男人来赚的，而是靠自己去赚来的。

还有，就算工作时间相同，但由于职业种类的不同，获得的报酬也不同。

进一步地，根据持有的资格证和毕业大学的不同，可以选择的职业也不同。有人一边做着喜欢的工作赚钱，一边享受生活的意义，也有人不得不做着不喜欢的工作去挣最低限度的生活费。

这些事情可以在孩子放松的时候，用具体的例子，闲聊似的说给孩子听。

特别是女性，一踏入社会就会面临诸多差别待遇。女性可能会结婚生子，相比男性，就业会有不利之处，这一点也需要向孩子强调。

请父母向孩子说明，正因为如此，女孩拥有生存能力、经济能力是非常重要的。

7

总以为"因为是女孩子，所以……"

"女儿说'我的梦想是成为可爱的新娘，所以不学习也没关系'。"

遥香（初一）的梦想是结婚后过上家庭主妇的生活。所以，她基本上不怎么用功读书。

虽然有人质疑说"这样的梦想，是很久以前的价值观了吧？"，但实际上，就算是出身名校、职场履历丰富的女性中，也有很多人说"我最终的梦想是结婚后过上家庭主妇的生活"，真是令人吃惊。

确实，结婚生子、建立家庭不是坏事，是很棒的。

但是，如果问"你想与怎样的人结婚？"，大部分女性几乎都会回答"这个嘛，要温柔、诚实……哎，要说实话的话，要有经济实力、个头要高、对我好的人"。

她们的潜意识里认为"总有一天王子会骑着白马从天而降，让我过上幸福生活"。

但是白马王子总是不出现。白马王子只是童话中的人物而已……而且，就算有人一瞬间让你有白马王子的感觉，结婚后也有可能出轨、破产。

把一生幸福放在男人身上的时代已经结束了。必须要知道，女孩也能通过自己的努力得到想要的结果。包包也好，鞋子也好，首饰也好，甚至房子也好……靠自己也买得起，就好了。

不是等待王子的挑选，而是自己去选择真正喜欢的男人来结婚。

青春期的女孩正是通过好好学习，将来才能做自己喜欢的工作，获得经济能力，有资格过上自由的人生。请告诉孩子这一点。

致身为家长的您

正如在前文中多次提到的，家长治愈自己内心的伤痛后，孩子的问题也会得到改善。

要把这部分的内容全部展开说明的话就又是一本书了，所以在此暂且省略，但如果您的孩子在学习方面遇到了问题，通过您治愈自己潜意识中的伤痛，在不知不觉间，能促进孩子的改变。

● **为了解决孩子的学习问题**

女孩比男孩更重视父母之间的关系，女孩会模仿、参考母亲的生活方式。

比如，如果父亲和母亲在精神上、经济上都处于对等的关系，彼此也能平等地发表意见,那么女孩的潜意识里就会产生这样的想法:"男女是互相支撑着生活的。女人理所当然地要和男人一样,自己有自己的思考,自己赚钱生存。"

另一方面,如果父亲给母亲施压,母亲在经济上也全然依赖父亲,女孩就会认为:"女人是依靠男人,忍受男人来生存的。女子学习好不好不重要。"

这样,她就会觉得学习知识是多余的,思考也没有意义,就可能放弃读书,一门心思化妆打扮以讨男人欢心。

或许,您是这么想的:"这么说来,在如今的时代,以相夫教子为业的专职主妇就没有生存空间了?"

当然,不能这么一概而论。有很多女性把主妇当工作来做,不仅做得很好,还以此自豪。

我是这样想的:问题在于,母亲是否对于自己的生活方式拥有自信和满足感,是否知道学习的快乐和将知识灵活运用的方法。

如果您觉得"这么说来,我以前就讨厌学习""现在只要有点空,我就会看电视剧或者跟朋友闲聊",那么从现在开始改变也为时不晚。

不论是工作、兴趣,还是志愿活动,请您试着开始学习从前就感兴趣的东西、去做以前就一直想做的事吧。

如果您没有这样的事,那就请读书吧。当然,父亲也是一样。

请让孩子看一看你们学习的身姿吧。正是父母的耳濡目染,向孩子传递了学习的快乐。

◆ **治愈父母的童年创伤**

首先,请通过以下问题来回顾过去,回想处在人生十字路口的自己。

● 您对自己的学历产生过疑问吗?

● 如果您没有考入心仪的大学,没有从事心仪的工作,是为什么呢?

● 如果您在读书时没有认真学习,现在后悔吗?

● 您现在是按照自己的意愿在生活吗?

● 如果您对目前的生活方式有所不满,是因为欠缺了什么呢?

● 有什么样的支持,您才会改变现状呢?

● 您当时希望获得谁的帮助?

然后，请靠近那个孩子（童年时的您），告诉他／她您的想法。

"你现在肯定也不知道该怎么办吧？事情可能无法全部如你所愿，但是呢，请记住：不管从人生的何处开始，你都可以开启属于你的人生。"

然后，请寻找那个孩子真正感兴趣的东西。

"你喜欢什么？"

"你做什么事的时候最开心？"

"你想在哪里施展你的才华和能力？"

就算不能马上回答,总有一天,存在于您潜意识中的"那个孩子"会给出答案的。

到那时,您就可以说:"是吗?真棒啊,终于找到自己真正喜欢的事了。那就从现在开始努力吧!"

您胸中一定会涌出向前迈步的勇气。

提高孩子学习能力的「如果问题」

这些"如果问题",只要试着回答它们,身为父母的您的潜意识就会被揭开,您将能够获得启发,提高孩子的学习能力。

"假设10年后您的孩子从事了自己选择的职业,每一天都过得很充实。如果您的孩子说,这都是因为10年前从您那里得到了力量,您会作何感想?"

您的回答是什么呢?

"为了让孩子过上自己想要的人生,向孩子传达通过学习来获得能力的理念,真的很重要啊。"

"对孩子坦诚地说出自己过去后悔的事,告诉孩子'我不想让你也重复我的过去'。"

"要为了实现自己的梦想开始努力。"

"来一次说走就走的家庭旅行,让孩子见识新的世界。"

光是想象就会蹦出许多答案吧。

为了让女孩将来不用依靠别人、不被别人支配,而是过上自己想要的人生,关键是青春期时父母如何教育引导。

特别需要说明的是,父母不是靠直接对孩子说教,而是用自己为了目标而努力的行动,这样能在孩子的潜意识里种下美好的种子。

第四章

「适度的距离感」是这样的
——亲子关系的问题

青春期女孩看自己的父母,总是非常挑剔。

这一时期的亲子关系,对孩子今后的人生有非常大的影响。

不管是把自己当作仆人似的把女儿伺候成高傲的公主,还是让孩子承担父母的职责,都不可取。

还有,绝对不能把孩子的人生当作父母人生的延续。

1

不遵守家庭规则，总是叛逆反抗

"我们家孩子啊，不遵守约定、不听劝告，态度还很恶劣……"

麻友（初二）在家里总是叛逆，甚至还不按时回家，说好的帮忙做家务也不做。

青春期女孩容易言行叛逆，但是，不能因此就把所有对父母的失礼行为归咎于青春期和叛逆期而放任不管。

对于青春期孩子说的"不关你事""哼""吵死了"，许多时候父母除了置之不理，别无他法。

如果父母总是追着孩子问"你这是什么态度？"，只会恶化亲子关系。因此，某种程度上来说，对于青春期女孩的叛逆态度，家长也只能置之不理。

但是，父母必须要明确界限：要遵守约定和规则，不能对别人说的话绝对不可以说，等等。不能因为孩子在青春期、在叛逆期，就对孩子的不当行为视而不见。

有些孩子随便打破与父母的约定、不遵守家庭规则，他们的潜意识里可能是这么想的："父母不敢对我说重话""强势的一方才会获胜"。

为了孩子将来能成为一个有原则的大人，还有为了保护好女儿的成长，父母必须好好制订和维护家庭规则。

比如说回家时间、手机的使用、家庭成员的责任、饭桌礼仪等，告诉孩子"这个必须要遵守"，如果不遵守，就把回家时间提前一小时、把手机没收3天等，给予惩罚。

另一方面，孩子既然遵守了约定和规则，那么家长自然也要好好遵守与孩子的约定和家庭规则。

意外的是，能做到这一点的家长并不多，请多加注意。

2

威胁父母，把父母当笨蛋、当佣人

"只要我稍微提醒孩子注意收拾东西，她就会叫'明明是你没尽好母亲和妻子的职责！'什么的，哎……"

爱莉（初三）在家里称呼温柔的妈妈就是"喂"，对父亲也指手画脚，只要父母没按她的意愿行事就暴跳如雷。

不论男孩女孩，进入青春期就会变得任性。不仅是任性这么简单，有些孩子还会威胁父母，把父母当傻瓜、仆人，这就很过分了。

孩子不仅用暴躁的语言和态度威胁父母，还会利用父母的痛点和对孩子的爱心，让父母按自己的意愿办事，比如说"因为妈妈没做好准备，所以给我丢脸了""如果不这么做的话，我就不学习了"等。

看不起父母的孩子，则是专拣父母的隐痛来戳，比如"反正爸爸只是高中学历""反正妈妈就是靠爸爸养的"等。把父母当仆人的孩子以为自己是公主，对父母态度傲慢冷淡。

总之，这样的孩子大多有一对温柔的父母。其中，很多父母只会一味地溺爱孩子，有时候还会骄傲地认为自己的孩子是"乌鸦窝里飞出的凤凰"。

孩子还小的时候，似乎没什么大不了，不过是一个"有点儿任性的小公主"，但这种状态如果一直持续下去，到了青春期就会成长为"暴戾女王"，进而威胁父母。

父母则渐渐变得需要看孩子的脸色行事，只要孩子一发怒、一哭泣、一不安，就会变得战战兢兢。孩子会捕捉到父母的这种心情，于是更加旁若无人地我行我素。

这种女王型的孩子的潜意识里是这么想的："因为我是特别的，所以万事都要按我的意愿行事""我比别人更有价值""如果不遂心意，只要生气和哭就行了"。

就算女孩在外面的举止不像在家里那样，但是她内在的真实想法也会多少传递给周围的人。于是别人大多对其敬而远之。那么，这样的孩子长大以后，会变成怎样的大人呢？

首先，她会把恋人、丈夫，甚至孩子当成与父母一样，要求他们按照自己的意愿行事。

而且，因为她会把自己的失败和努力不足都归咎到父母身上，遇到什么问题，就全推到别人和外部环境上。

因为不想承担责任，渐渐地，她就会被周围的人讨厌，自己也得不到成长。不管怎么说，一个脾气蛮横暴躁、一切以自我为中心的人，将来只会让自己远离幸福、招致祸患。

如果您觉得自己的女儿有此类倾向，请一定要恢复作为父母的权威。

过分宠爱孩子，为了不想让她经历失败受伤，就对孩子的一切大包大揽，这是不对的。身为父母，更应该让孩子体验失败和挫折的感觉。

比如，孩子抱怨"你为什么不叫我起床！"的时候，就甩一句"你自己起床"，让孩子尝尝因为迟到而在学校丢脸的感觉。这样，以后孩子就会自己思考、自己行动了。

如果孩子有瞧不起父母的言行，要严正抗议——"你不可以这样说。别让我听到第二次！"之类。您毕竟是孩子的家长啊。

3

孝顺、不叛逆，还经常帮忙做家务

"我们家女儿没有叛逆期。她一直帮忙做家务，也好好地听我说话。"

郁子（初三）在家里不仅照顾弟妹，还帮助母亲做饭洗碗，母亲非常依赖她。

青春期的女儿不仅没有叛逆期，还帮助做家务，这是多么令人羡慕啊。但是，祸兮福之所倚，福兮祸之所伏。

虽然这样做是好孩子，但是青春期的女孩，本来身心就处于发展的微妙阶段，总存在着不安定的因素，在学校里也要面对很多压力，怎么承受得了！

不管是什么样的孩子，都会想在家里撒娇、抱怨、发泄压力。虽然如此，但为了减轻父母的压力，孩子不得不负担起本该由父母承担的家务和育儿工作，甚至最后还要负责疏导父母的情绪……

从我的心理治疗临床经验来看，青春期女孩帮助疏导父母（基本上都是母亲）情绪的案例较多。

这种女孩的父母大部分都无法做到精神自立，有一点幼稚，于是，便把可靠的孩子当成是自己的"父母"，依赖、撒娇。

表面上看，这是温柔能干的女儿，和对女儿心存感谢的父母。但是实际上，这是女儿代替了父母，父母转而当孩子的畸形关系。

连父母的情绪都要疏导的孩子，他们的潜意识里是这样想的："自己正是通过代替父母的职责，才感受到存在的价值""为了让父母高兴，必须要快点长大""比起自己的希望和心情，必须要把父母放在第一位""自己必须要让父母幸福"等。

她们内心深处的愿望是，通过替父母承担职责证明自己存在的意义，并以此获得父母的爱。

为此，有些女孩甚至做起了父母的夫妻关系仲裁者，与母亲沟通外遇的问题等。

如果一直这样持续下去，孩子就会渐渐感知不到自己的情绪和欲望，就算成为大人，也很难发自内心地感到快乐和幸福，说不定还会觉得"我都已经做到这个份上了……"，而心存不满。

如果您的孩子一点儿也不叛逆，也帮助做家务、照顾弟妹，甚至替父母解决问题，或许是因为她没有得到作为孩子的充分安心。

那么，怎样做才好呢？

最重要的是，父母要从精神上自立，减轻孩子的负担。

如果您意识到您的配偶有过度依赖孩子的问题，您就要承担起照顾配偶的责任。

如果您没有承担起这份责任，就会给女儿的内心增添过多的负担。相反，如果您意识到"自己可能是在向女儿撒娇"，那就及时改正。

请成为让女儿向您撒娇的家长吧。

也许女儿就会像书中所说的那样，变得叛逆、不听话，但这正是女儿敞开心扉的证明。这也是青春期女孩正常的状态。

4

讨厌父亲或母亲

"女儿大概从小学五年级起,就不怎么听爸爸的话了,还说'不要把我的衣服和爸爸的一起洗'。"

小苍(初一)不知道为什么总是嫌爸爸吵。

被最爱的女儿疏远,爸爸心里空落落的。这在有青春期女孩的家庭中是很常见的。

小时候总是嚷着"爸爸、爸爸",迈着不稳的步子缠在爸爸脚边的女儿,一进入青春期,渐渐地就嫌弃起父亲来,也不愿意和父亲说话……

虽然这对父亲来说是件非常难受的事，但也只能把这个过程当作女儿通向成人之路的仪式之一了。如果父亲是因为过于父权主义或者有暴力倾向而被女儿讨厌，那父亲自身就要检讨了。

在孩子的潜意识里，或许是这么想的："父亲就是把我当成奴隶""男人就是任性到令人绝望的生物"。

青春期的女孩比男孩更加容易对父母产生冷漠和疏离感。"明明只是个小孩，说什么大话"——在您感情用事前，请先扪心自问，自己有没有什么需要反省或感到羞愧的地方。

相反地，如果青春期的女儿一直黏着父亲，连洗澡也要和父亲一起，那也是问题。这时候需要母亲用自然的口吻去教导。

还有，如果女儿讨厌母亲，可能是在讨厌母亲作为"女性"的部分。

请同样身为女性的母亲们，努力成为女儿的榜样吧。不管怎么说，对于青春期的女孩，要从心灵上接近、从身体距离上慢慢远离，远远地守护着她们。

5

不像亲子，几乎是朋友间的关系

"我和女儿简直就像是朋友关系。别人常说我们俩是姐妹呢。"

美纱（初二）和妈妈的关系非常好。美纱什么事都告诉妈妈。两个人还有成对的衣服和首饰。

最近几年常能看见这样的亲子关系。不少看上去就像是朋友关系，或者兄弟、姐妹一样的关系。特别是母亲和女儿，有很多这样的例子。虽然亲子关系好是件好事，但也要有个度。

在这样的关系中，母亲的潜意识里隐藏着这样的想法："女人要一直年轻可爱才好""因为不想被女儿讨厌，与其变成被嫌烦的老妈，不如和女儿做朋友吧""承担为人父母的责任太累了"。

另一方面，女儿的潜意识中也许根植着这样的观念："虽然没有惹人烦的父母是不错啦，但是没有可靠的父母，也很令人不安啊""只要永远不变成大人，就不用承担麻烦的责任了"。

但是，说到底，父母不是孩子的朋友，也不是孩子的兄弟姐妹。父母就是父母。

正因为是父母，所以必须要对孩子严厉，在孩子遇到事情的时候也必须承担起责任。

如果因为害怕被孩子讨厌而把自己变得和孩子一样，似乎孩子一开始会感到高兴。

但是，这样孩子就不知道什么是该做的、什么是不该做的，也不知道自由的限度是哪里，就会产生不安。

只要是父母，就要保持父母的威严，有时要严厉、有时要做恶人，明确地告诉孩子哪些事可以做，哪些事绝对不可以做。

6

双亲关系不好、分居或者在闹离婚

"我和丈夫要离婚了,但是不知道该怎么跟孩子说……"

结衣(初二)的妈妈要离婚了,她对孩子的将来感到不安。

如今的时代,有三分之一的夫妇都会离婚。有很多孩子都经历过父母离婚。

父母担心离婚会给孩子带来不好的影响。其中,有人虽然想离婚，但是因为经济原因或者为孩子考虑，不得不长期忍耐。

因为我的心理治疗方案涉及潜意识，所以我比一般的理性治疗要更加深入来访者的人生。

其中有一位来访者，她的母亲曾为了孩子而选择不离婚，一边忍受痛苦一边继续着婚姻生活。这位来访者的潜意识里一直有这样的想法："因为我才让妈妈这么不幸""我是多余的""女人是弱小的""女人无法独立生活,只能忍耐"。

为了孩子着想，在决定离婚的那一刻起，就要比结婚时更积极向上、过幸福的生活。

孩子比谁都希望父母过得幸福。

就算父母生活在一起，但如果两人相互憎恨、彼此争吵，反而会给孩子更大的伤害。

还有，在孩子面前绝对不可以说另一方的坏话。因为这会让孩子的内心受到更深的伤害。毕竟那是给予自己生命、世上仅此一人的母亲或父亲啊。说另一方的坏话，就等于在说孩子的坏话。请谨言慎行。

7

为了迎合父母的期待而过分努力

"我想让孩子去完成我未竟的梦想,这样,她就能得到最棒的人生了。"

丽香(小学六年级)的妈妈曾经梦想做一名律师,但是没能考上理想的大学,不得不忍痛放弃了。所以,她无论如何也想让丽香成为律师。

父母希望孩子完成自己过去放弃的梦想——我们经常能听见这样的例子。父母可能认为这都是为了孩子好吧。

现在好像不太见到有父母直截了当地对孩子说"你要

成为律师""你要成为医生""你要成为小提琴演奏家"之类的。

父母虽然表面上说着"你只要做你喜欢的工作就行了",却从小就对孩子灌输"女性律师非常帅""如果成为小提琴演奏家就可以环游世界了"等,试图将自己的梦想植入孩子的脑袋。

孩子也以为这就是自己的理想,而非常努力地学习和练习。但是,在潜意识里,孩子是非常清楚的,会想"为

了让父母幸福,我必须要成为律师""如果我获得了理想的人生,父母就能觉得骄傲了吧"。

可怕的是,在父母的潜意识里有这样的想法:"孩子就像是自己的分身一样,孩子的生命就是自己生命的延长,所以要好好利用。"

孩子就算遇到挫折和痛苦,只要一想到"父母为了我已经那么努力了",就一边在心里感谢父母一边继续努力。

然后,孩子成为大人后,终于实现了梦想。

理所当然,父母会非常高兴。但是,孩子总会觉得哪里不对劲——这不是在过自己的人生。

不管多么被他人羡慕,孩子可能也不会发自内心地感到幸福和快乐,其中也有人因此而心理崩溃。

如果青春期的孩子已经决定了自己将来的目标并开始一点点努力,那么身为家长的您,请想一想:"也许,我不应该把自己的梦想强加到孩子的身上!"

如果是青春期的话,还来得及。我希望您能再一次好好思考,目前孩子的目标是不是她真正想做的事。

孩子真的想出国留学吗?

孩子真的想进入东京大学吗?

想成为主持人——这是不是只是父母的愿望呢?

在青春期里,请不要让父母的意愿过度干扰到孩子,而是让孩子发挥自身的能力和才能,自由地追逐发自内心喜爱的梦想,并向着目标前进。

请先让孩子多多读书、多多体验各种事物。

然后,告诉孩子梦想和现实之间的距离。告诉孩子,如果只有梦想而没有钱是生存不下去的,许多成年人为了糊口而做的工作,与他们内心真正热爱的梦想是不同的。

最后,让孩子自由地思考、想象,从众多的选项中,选择自己的人生。

对父母来说,最幸福的事莫过于让孩子发自内心地感到幸福、自己选择自己的人生、自己接纳自己的人生并生存下去。为此,要给孩子尽可能多的选项,是父母的职责。

致身为家长的您

青春期的孩子就是有点叛逆、情绪不稳定、不好对付。

特别是女孩,更容易挑剔父母。像小时候那样用逗笑、夸奖之类的方法糊弄不过去了。

青春期的女孩能看穿父母内心真实的想法和生活方式。当然,父母也是普通人。金无足赤,人无完人。

重要的是,父母作为一个普通人,是否按自己的意愿过着幸福的生活,是否从内心享受为人父母。

即便是人人尊敬的好父母,如果只是在强迫自己做出好家长的样子,内心真实的想法是"养孩子只是履行身而为人的责任而已"……就算骗得了其他人,也骗不了自己的潜意识和自己的孩子。

◆ 不时反思自己对孩子的言行，非常重要

除了中学时因为遭遇校园霸凌而旷课之外，我的女儿都算得上性格沉稳的"别人家的好孩子"，到了青春期也只是"稍微有点难搞"。

于是，身为母亲的我便认为"已经尽到了家长的责任"，等女儿从高中毕业后，便全身心地投入工作。我的个性是对什么事情一旦一头扎进去就不顾一切，所以在家庭琐事上还非常依赖当时还在复读的女儿。

有一天，我回家晚了，女儿还没做好家务事，我便摆出看似合理的理由训斥了她。

突然，我被兜头浇了一桶水。

"干……干什么？"我眯着眼睛，困惑地大声质问。

"妈妈也太自私了！"女儿说完，拿着空的水桶转身走了。

一瞬间，我虽然想本能地愤怒道"你对父母干了什么！"，但转而领悟到"把一直都老实沉稳的女儿逼到这

份上，我到底做了什么啊""与不知不觉间我对女儿的剥削相比，女儿对我做的根本不算什么"，顿时头脑冷静下来了。

在别人看来，我一直都是"好妈妈"。但是，我却并没有做到一直在心灵上与女儿紧紧相拥，是个"坏妈妈"。

之后，我对女儿和儿子都道了歉。我不停地道歉，直到泪流满面，孩子们各自听着，沉默不语。

但是，从那以后，我与孩子们的关系发生了明显的改观。我开始把孩子当成一个独立的大人，发自内心地尊重他们。

作为父母，我也更能率直地表现自己对孩子的爱，比以前更能与孩子亲密地相处了。父母也能与青春期的孩子一起成长呢。

● 治愈父母的童年创伤

青春期的孩子，就是难搞。但是，不管是哪个孩子，就算再叛逆，也会从心底期盼父母幸福。

父母心底的不安与痛苦，会让孩子的心也感到不安并以某种形式表现出来,成为孩子心底的伤痛。所以,为了孩子,您首先要疗愈自己内心的伤痛。

- 您的父亲,从心底希望您成为怎样的人呢?
- 对于您母亲来说,您是怎样的存在?
- 在您最痛苦的时候,父母为您做了什么?
- 您喜欢父母的哪些地方?
- 您讨厌父母的哪些地方?

请闭上眼睛,回想一下您童年最希望得到父母帮助的时刻。

然后，用您的内心去感受当时的您，那个小小的孩子。

"那个孩子现在是怎样的心情？"

"您真的认为那个孩子希望得到帮助吗？"

如果您能感知到这些，就在想象中，为那个孩子做到TA所希望的事吧。

然后，请对她说："很辛苦吧，你已经很努力了。哭出来也没关系。虽然现在可能很难受，但是你一定会幸福的。发自内心地快乐、感到真正的自信的日子，一定会到来的。"这一定会给您和孩子的关系带来光明。

改善亲子关系的「如果问题」

这些"如果问题",只要试着回答它们,身为父母的您的潜意识就会被揭开,您将能够获得启发,改善您与孩子的关系。

"如果您和孩子互相灵魂穿越到彼此的身体,而且10年内都换不回来,在这10年里您会做什么?孩子又希望您做什么?"

这个问题有点滑稽。您的答案如何呢？

"为了孩子，我一定好好学习，进入著名大学，让孩子进入著名企业就职。"

"首先,为了提高孩子的学习能力必须努力学习……"

"孩子希望我要珍惜身体健康。"

"孩子说，在灵魂互换期间，希望我能成为课长。"

等等，以上的回答都很有趣。

实际上，在我女儿上中学时，我也试着回答过这个问题。

"虽然能获得年轻的肉体很不错,但又要重新上中学，必须要注意学习成绩、体育运动和朋友关系……只是想一想就头疼了呢。但是说起来，女儿每天都是这样的啊。"

青春期孩子的每一天都充满了压力。请您一定要理解这一点。

第五章

为了不加剧伤害，父母最应该注意的地方
——危险行为的问题

包围青春期女孩的环境充满了危险！

只要稍微放松警惕，可怕的黑暗就会乘虚而入。

父母要知道有哪些因素会让女孩走上弯路，必须充分加以防范。

请您一定要尽好父母的职责。

1

开始旷课

"我们家孩子已经有一个多月没上学了。真担心这样下去还能不能上高中……"

小希从初二第二学期开始,一天都没去过学校。虽然她想着"必须要去学校",但就是怎么也不想去。

现在,旷课已经成了一个社会问题。虽然大部分旷课学生说原因是身体欠佳,但真正的原因并非全都如此。

孩子旷课,父母自然很焦虑。可能刚开始时,父母会想尽一切办法让孩子上学,但事情并非这么简单。

因为不是说只要人去了学校，问题就解决了。旷课的孩子，都有相应的理由和原因。

首先，应该怀疑是不是遭遇了校园霸凌。

有时候就算不是明显的霸凌，孩子也可能在班级或课外活动中受到了排挤。

或者是在学习上不顺利。有的孩子虽然窝里横，但是外强中干，一遇到挫折就受伤，跌倒了也难以爬起来，失去了上学的勇气。

如果是因为霸凌或者学习的原因而导致旷课，处理办法就像我之前说的那样。

有的孩子"过分脆弱、容易受伤"，也许正是因为父母过度保护。容易受伤的孩子在潜意识里隐藏着这样的想法："我比大家都要弱，什么也做不了""在父母的庇护下生存是最安全的"。

当孩子处于这样的状态,强行将她送去学校不是上策。这时候，反而需要父母有意识地放手。

2

穿花哨的服装，梳华丽的发型

"我家女儿自从上了高中，就开始化妆、染头发……即便说她两句，她也会说什么'身边的同学都这样'。"

结菜（高一）最近开始穿花哨的衣服，梳华丽的发型。就算父母提醒几句，她也不以为然："大家都这样啊。"

很多女孩子在初中时穿衣打扮还很朴实，但一上了高中，就开始化妆、染发。

现在，面向小学生、中学生的时尚杂志越来越多，好像每个人按自己的喜好选择时尚潮流是理所当然的。所以，如果孩子开始染发化妆，也没有必要像过去那样马上就焦虑"是不是成了不良少女？"

但问题是，扮成时尚女性的样子可能会招来轻薄男性的兴趣，增加遭受性侵害的危险。

首先，要坦率地向孩子说明这样的现实。如果父母过分开明，什么都允许，孩子的行为就会变得不可控，总有一天生活会走向松散轻浮。

顺便一提，这样的孩子潜意识里是这么想的："华丽的女人才会获得男人的青睐""打破原则和规范才证明成为大人了"。

时尚基本上是孩子自我表现的一种手段，某种程度上也是父母对孩子追寻自由的一种认可。但是，父母有必要教导孩子，至少要遵从校规，穿着得体。这种时候，父母就要拿出毅然决然的态度说："不行就是不行。"

3

用约会软件

"我家女儿经常跟网上认识的人联络,好像还见面了……"

高一的美铃与在 Facebook、LINE 等软件上认识的人一起玩,那些人好像还给美铃介绍了兼职工作。

对青春期孩子来说,手机是生活必需品。特别是青春期的女孩,手机是日常与朋友保持联络的工具,是必不可少的。但是,对女孩子来说,这也有很多危险的地方。最危险的,是约会软件的使用。

据说与约会软件相关的被害者有80%是18岁以下，其中大部分都是女初中生和女高中生。卖淫、强奸、诈骗等犯罪非常卑劣，只会给女孩的心灵和人生带来伤害。

卷入这样的犯罪的原因，可能是被害者一开始考虑得太简单："只是用邮件交流所以没什么危险""正好用来消遣"。

也许，在她们的潜意识里有这样的想法："我好寂寞，好想和别人保持联系""我想被别人关注、关心"。

作为家长，虽然可以从物理上断绝孩子使用这样的网站，但是孩子总能找到别的应对方法，不如在日常生活中，就教育孩子约会软件潜在的危险和受害者们都遭遇了怎样的痛苦。

最要紧的是，如果孩子寂寞和孤独，父母就要安慰孩子的心灵。安慰的方法可以是"爱孩子原本的样子"等的行动，也可以是"我总是关心着你"等温柔的关注。

请一定记住，绝对不可以暴躁地对孩子大吵大嚷。

4

有偷窃、夜不归宿等不良行为

"我家孩子撒谎说去朋友家住,实际上好像是晚上跑到街上玩了。我要是说她,她就说'那我就离家出走'……"

小惠(初二)常常在朋友家留宿,跟同伴们晚上跑到街上、在便利店门口聚集。

现在和很久以前不一样,基本上没有一眼就看出是"不良"的孩子。但是,这并不是说青春期孩子的不良行为就消失了。

别说消失了,因为现代互联网的普及和人们精神上的巨婴化，非常普通的孩子也能因为一步踏错而偏离正轨。

如前所述，如果使用约会软件，孩子就会与不知底细的人产生联系，只要想见面随时都能见面。然后孩子开始夜不归宿、卖淫、离家出走、怀孕、强奸等。青春期的女孩可能为此付出极为沉重的代价。

过去，很多行为放纵、夜不归宿、偷盗、抽烟、校园暴力的孩子是因为贫困、虐待、没人管、父母关系不好、离婚等家庭原因造成的。

但是，如今却不同了。就算父母和睦、家庭小康，处在这样本应该没有大问题的普通家庭的孩子，也可能在不经意间做出吓人一跳的事，我认为主要有两个原因：

一个原因是父母只想着自己的事，没太把心思放在孩子身上。具体来说，就是父母忽视了本来应该最重视的孩子的心情，而把所有精力都放在自己的出人头地和自我实现上。

孩子对父母真实的想法是非常敏感的。所以，孩子的潜意识里可能就会这么想："我不重要""比起我，父母的人生才更闪光"。

另一个原因是父母对孩子溺爱、过度保护、过度干涉，

而使孩子自身的思考能力和对危险的察知能力没有得到充分的发展。

对孩子过度保护、干涉的父母认为"让孩子失败的话就太可怜了""不想让孩子遭受挫折",而把孩子道路上的障碍物事先拿走。

这样,孩子的潜意识里就会根植这样的想法:"就算什么也不想,也总会有人帮我解决问题""我只要避开麻烦的事,只做自己想做的就行了"。

以上这两种情况,就算是在非常普通的家庭里,也会阻碍孩子的身心发展。这是父母的问题。

孩子还小的时候，看起来似乎没有什么问题，但一进入青春期，孩子的行动范围就从家庭扩展到社会，毫无疑问，问题也会扩大。

特别是女孩，如果行为不良，可能会发展为危害身心、伤害人生的大问题。

首先，要注意与不良行为有关的小苗头。

如果孩子说"我去朋友家住"，父母一定要与对方的父母取得联系，让孩子住在家里；或者父母与孩子定下规矩，"不管怎样就是不能在外留宿"。兼职打工也不能轻易地答应，要好好地与孩子聊一聊，了解情况。

如果遇上了特殊情况，孩子必须去工作，也一定要选择适合青春期女孩的兼职工作。

然后，最重要的是，父母不能对孩子太过溺爱，要培养孩子自己思考的能力。

同时，父母要倾听青春期孩子独有的心灵痛苦，给孩子的心注满爱。为此，父母要在日常的对话、起居、相处中多加注意。

5

身边有在性行为上轻率的同伴

"听说女儿的朋友中有人怀孕、堕胎的。"

千波(初三)的同年级朋友中据说有人怀孕堕胎,这让孩子和家长都惶惶不安。

几十年前,有一部电视剧讲的是初三的女生怀孕生子的故事,成为当时的热门话题。这在当时是颇为敏感的问题。

但是,到了现在,这样的事可能已经不再那么敏感了。女孩初次性体验的年龄越来越低。虽然初中生就怀孕的事并没有那么多，但到了高中，就不能说是很少了。

我因为工作原因曾几次拜访妇产科，每一次都碰上母亲带着高中生的女儿来商量堕胎的事。（令人吃惊的是，那家医院的妇产科等候室可以听见门诊室的声音。）

通过心理治疗的工作，我进一步了解到，在青春期因为有性经验而堕胎、心怀伤痛的人比想象中的要多很多。

在性行为上轻浮的女孩在潜意识中可能隐藏着这样的想法:"想被别人爱""不让男人高兴就不会被爱"。之后，就会降低对自己的肯定感，感到寂寞。

实际上，在心理治疗的临床经验中，对各种事物存在依赖倾向的女性里，有相当一部分对性有依赖。这是为了填补内心的空虚。

女孩和男孩不同，到了青春期，更加容易允许身心上的亲密接触。有时候，母亲要主动和女儿一起休息，一起泡澡洗背，帮女儿梳梳头发，从而给女儿的心注满爱。

6

患上厌食症或暴食症

"我虽然知道女儿在节食,但没想到她会瘦成这样。不管我说什么,她都不吃饭……"

聪子(初二)在初一时被男生嘲笑说"太胖",于是便开始节食。但是,即便现在已经急剧消瘦了,她还是嫌自己太胖,不好好吃饭。

"进食障碍"是青春期女孩中常见的心理疾病。

进食障碍大致可分为两种:一种是极端限制饮食,渐渐消瘦的"拒食症";另一种是最初只是用普通的节食来限制饮食，后来不知怎么地就像是哪里出故障了似的，一次会吃下特别多的食物，然后又吐掉，这样吃了吐、吐了吃的"过食症"。

不管哪一种，其原动力都是"想变瘦"的强烈愿望。

看起来，似乎会让人觉得"这只是消瘦、呕吐而已，有必要这么担心吗？"，但是，进食障碍很难治愈，尤其是拒食症还会致死，是一种非常可怕的疾病。

不管周围的人多么担心、多么想让病人吃饭，病人就是顽固地不肯接受、不肯吃。很多人只要体重稍微增加一点就会产生异常的恐惧，本人也根本注意不到自己已经过分瘦弱了。

有些人虽然瘦到颤颤巍巍了，自己却心情不错，比以前更加爱运动了，但是渐渐地身体还是会变弱。

我的来访者中有患进食障碍的，也有为孩子的进食障碍而苦恼的父母。也有人在中学时代就患上的厌食症到了40多岁仍旧没有痊愈，连月经都停止了，很遗憾无法生育孩子。

患有进食障碍的女性在潜意识中有这样悲伤的想法："不想长大""想要一点点消失不见""不瘦下来的话就

得不到认可"。

过食症也是一样。用食物填埋内心的空虚,将寂寞、空虚与食物一起吐掉。

进食障碍多发生于青春期,可以说是孩子处于向大人成长的过渡阶段产生的混乱,以及因为与父母的分离而感到的不安,表现出来的症状之一。

从我掌握的事例来看,患有进食障碍的女性与父母的关系有以下几点特征:

第一种是父母非常严厉，是完美主义者。特别常见的是父亲非常威严，而母亲依赖着父亲生存。

第二种是父母对孩子在精神上、肉体上存在虐待。

第三种是父母对孩子过度保护、过度干涉，亲子关系过于紧密。

还有，孩子常常是认真、敏感的性格。特别是女孩子，与母亲的关系，以及母亲的生活方式，会对她们产生强烈的影响。

如果女儿患上了进食障碍，强迫她吃东西、斥责她，都是没用的。最好尽快带女儿接受医生的专门治疗。

虽然治疗的周期可能很长，但这时候父母要有像婴儿时期一样照顾孩子的觉悟，对孩子倾注爱。

另外，父母也要重新审视自己的生活方式，谋求从精神和经济上的独立。这样，孩子也能学习自立的方法，平稳地过渡到成人阶段。

不管怎样，对于青春期女孩的节食，要非常注意。为此，一家人每天都要围在饭桌旁，有说有笑地吃饭。

7

有割腕等自残行为

"我好几次在女儿的手腕上看到割痕,对丈夫一说,他就训斥了女儿。"

加奈子(初一)的手腕上有很多用裁纸刀割伤的痕迹。那些伤痕重重叠叠,看得出那是多次重复割伤的结果。

青春期孩子的问题行为之一,是割腕、拔头发、用头撞墙等自残行为。这虽然不至于马上送命,但是如果放任这种伤害自己身体的行为持续下去,最后就有可能导致最坏的结果——自杀。

青春期的自残行为很容易分辨，比如割腕、用指甲掐自己等，而随着年龄的增长，可能会选择其他方式的自残行为，比如酗酒、与有暴力倾向的男人交往等。

自残的时候，每个孩子都说："不知为何感觉轻松了""舒服""感到自己真正地活着"。

反复自残的孩子在潜意识中存在这样痛苦的想法："谁也不理解我""自己这样的人还是消失了好""自己没有解决问题的能力""痛苦的时候用自残来解决是最好的"，等等。

于是，在反复自残的过程中，行为渐渐升级，虽然本不打算寻死，可一旦热血上头，就会产生从高处飞降下来、狠狠地割伤手腕的冲动。

如果您发现了孩子的自残行为，绝对不可以不由分说地怒斥"你在干什么！"，或者责怪"你这么干不觉得羞耻吗！"。

首先，要靠近孩子的心，安慰孩子"你一定很痛苦才会这么做吧""让爸爸妈妈陪你一起努力克服吧"。

然后，如果问孩子"你为什么这样做？"，大多只会得到"不知道""因为这么做就舒服了""没什么"之类的回答。

是的。实际上，大多数时候，连孩子本人都不知道真正的理由。如果孩子明白理由，还能清楚地对父母说明，就不至于做出自残行为了。

顺便一提，之所以会自残，我想还是因为孩子不懂得珍惜自己的身心，对自己的肯定感很低，或者是因为孩子遭到了父母的暴力对待，还有的孩子是因为一直目睹父亲对母亲的暴力行为。

也就是说，因为孩子长期置身于这种压力之下，伤害自己或他人的心理门槛就猛地降低了。

孩子还会因为伤害自己而产生解决问题的错觉。

对于有自残行为的孩子，有必要教育他们不可以伤害自己和他人的道理，也必须要教给他们应对压力的方法。

要告诉他们，感到压力的时候，使用暴力、自残、伤害别人，都不能真正地解决问题。要告诉他们，不管遇到什么问题，只有通过思考和行动，才能真正地解决。

为此，请您回顾自己在感到压力的时候，采用的是什么方法呢？

有自残行为的孩子，他们的内心比身体更加脆弱、

更易受伤。身为父母，必须要呵护好孩子的内心，必要的时候，要带孩子去见专门的医生。

父母呵护孩子内心的方法有很多，比如全然地接受孩子存在的本身，将爱用语言、用行动、用表情表现出来。请牢牢地记在心里。

致身为家长的您

对于有女儿的父母来说，青春期是孩子教育路上的重要时期。之所以这么说，是因为青春期女孩很容易受伤，这一时期也是自伤的危险性最高的人生时期，而且，几乎所有在青春期遇到的问题，都会对孩子今后的人生产生影响。

正因为如此，父母要认真地对待，了解孩子、面对孩子、拥抱孩子。

但是，如果身为家长的您自身也在身心、人际关系、人生观上存在问题，就很难给予孩子充分的力量。

因为正如我多次所说的，亲子关系就像照镜子一样。

如果您的孩子现在正遇到什么问题，也请好好考虑一下身为家长的您自身存在的问题。

◆ 为了将孩子从危险行为中拯救出来

我的来访者中有一位叫花恋的高一女孩,因为患有进食障碍,在住院和出院之间反反复复。

花恋的父母在分居,母亲和别的男人有婚外情。花恋是一个孝顺的孩子,所以对母亲的新恋情表示支持。

顺便一说,本来我的来访者是花恋的母亲。因为担心女儿,她的母亲将花恋带到我这里。

但是,花恋"吃不下饭"的情绪非常强烈,症状总是得不到改善。

我便请她的母亲再一次正视自己的问题。于是,她的母亲便坦然承认,自己在青春期时曾遭到性侵,她将这件事藏在心底,对谁也不曾说。

她从内心对男性有不信任感,与花恋的爸爸关系也不好,把自己逼上了婚外情之路。她非常想治好自己的心伤,便转而依赖女儿花恋,却没有充分考虑女儿的立场和心情……

正视自身问题以后,花恋的母亲便专心治愈自己的心伤。后来,她结束了这段婚外情,与丈夫干净地分了手,决心与花恋两个人面对未来的人生。在此过程中,花恋的体重开始慢慢增加了。

虽然不能说任何人都能如此顺利,但如果追溯孩子所遇到的问题的源头,我们常能发现,根源在于父母在童年时代所受的心理创伤。

为了心爱的女儿,请您一定要好好照顾自己的身心。

◆ 治愈父母的童年创伤

不管孩子有多么反抗叛逆,但没有孩子不从心底期望父母活得健康和幸福。

我们的父母也是一样,不管对孩子多么生气,也绝不会停止对孩子的爱。

就像父母不想让孩子受伤一样,孩子也不想令父母难过。

实际上,孩子会继承父母内心的伤痛。

所以,我们父母有必要好好照顾自己的心灵。确实,步入成年人的世界后,我们似乎没有那么多闲暇去关照自己的内心。但是,正因为如此,也要借着这个机会,有意识地面对自己的内心，好好地维护。

首先，请闭上眼睛，慢慢放松身体。

然后，想象过去那个非常疲惫、受伤的自己。

如果在脑海中看到那个自己，接下来在心中构筑起对自己来说最安心的场所。

那也许是一个庭院，也许是一处海边，也许是无垠的宇宙，总之，是最能治愈您的地方。

您可以在那里找到一处可以好好放松的角落，坐下。

然后，从宇宙、地球、大自然的一切中流淌出的能量，

将缓缓进入您的身体。从头顶到脚尖,温暖的力量流遍全身。

然后,您的身体、心灵、灵魂都将得到治愈、休整。

您随时都可以来这里。

您是宇宙的一部分,是自然的一部分。宇宙和自然是您力量的来源,就像是您的双亲。

是的,您值得被守护、被爱,您值得获得幸福。

这些"如果问题",只要试着回答它们,身为父母的您的潜意识就会被揭开,您将能够获得启发,找到保护孩子远离危险、改善问题的灵感。

"如果您只剩 3 个月的寿命,您希望留什么给孩子?"

保护孩子不陷入危险的"如果问题"

这个问题有点悲伤，您将作何回答呢？

"我想录下 20 次的录影带，在孩子到 20 岁生日前，每一年都放给他／她看。"

"就算被嫌弃，也想要再多抱抱孩子，把自己变成一个玩偶留给孩子。"

"就算去抢银行，也想要留一大笔钱给孩子。"

可能会有各种各样的回答吧。

实际上，我在十几年前得过一场大病，当时便有了濒死的感觉。那时候我的两个孩子正处在青春期，我决定要自己说出遗言，打算对两个孩子说"你们要好好学习，有一份稳定的工作"。然而，最终从我口中说出的话却是："面对人生的岔路犹豫彷徨的时候，请选择让自己开心的那条路。"

当死亡就在面前时，我终于明白了自己最想告诉孩子的真心话。

您的人生还很长，请不要拖到最后，而要尽早意识到自己的真实想法，并告诉给最爱的女儿吧。

终章

父母应该培养青春期女孩的 5 种能力，以及不应该做的 11 件事

是否能成为按自己的意愿生活的女性，可以说是由度过青春期的方式决定的。

请您知晓父母应该给予女孩的力量，以及身为父母绝对不可以做的事情，给女儿的人生送上最宝贵的礼物吧。

1

父母应该培养青春期女孩的 5 种能力

①爱自己的能力

如前所述，女孩遇到的大部分问题都有一个共同的原因，那就是"自我肯定感较低"。

所谓"自我肯定感"，是"认为自己原本的样子就很有价值、是可以爱别人，也可以被人爱的存在"。

只要自我肯定感高，就会珍惜自己的身心，同时，也会爱除了自己之外的他人，会相信他人。

那么，该怎样才能培养女孩的自我肯定感呢？

有两种方法：

一是，不通过语言，而通过态度、表情、行动来向孩子传达："我爱你！因为有你，我便感到幸福。"

另一个是，父母让孩子看到自己是如何治愈自己的身心的。

只要在日常生活中多加实践，您和女儿的自我肯定感一定会有所提高。

②思考能力

如果父母什么事情都替孩子包办，孩子就会失去思考的能力。

如果没有用自己的头脑来思考的习惯，长大成人后，就容易依赖父母、丈夫等比自己有能力的人。

更进一步地，因为没有充分培养面对各种人生问题并灵活应对、解决的能力，结果，就很可能步入被他人支配的人生。

为了培养女孩的思考能力，首先，绝对不可以说"不过是个小孩而已""小孩子不要插嘴"之类的话。

在日常的生活小事中，也要经常问孩子"你认为怎么样才好？""为什么这样想？"，培养孩子自己动脑思考的能力。

有时候，父母也可以与孩子商量自己的事。但是，绝对不可以失去父母的权威和信赖。

父母不是孩子的朋友，父母就是父母。

③学习能力

女孩想要自立，过上不依赖他人的自由生活，必须要在经济上自立。如果女孩能尽可能地选择自己喜欢的工作，获得更高的收入，人生的品质就会更上一层楼。

为此，就要具备可以挑选工作的学习能力。这样，人生的选项就大大增加了。但是，对青春期的女孩，就算说"给我去学习"，她们也总是听不进去。不如在一起看新闻或者电视剧的时候，谈谈当事者和登场人物的人生故事，自然而然地创造让孩子思考人生的机会,让孩子自己产生想学习的动力。这才是上策。

而且,父母自身也要有目标,让孩子看看自己学习和努力的样子,这是给孩子最棒的礼物。

现在开始也为时不晚。请您也找到自己的目标,向着终点努力前进吧。

④ 给予能力

所谓人际关系,就是"施与"和"接受"。如果总是一味给予,很难说未来的人生就会幸福。而那些一直嚷着

"给我给我"的人，别人反而不会慷慨施与。比起前面两种人，应该让女儿成为常常思考"自己能给别人些什么？"的女性。

为此，重要的是教会孩子站在别人的角度考虑，并体会到给予的快乐。

在日常生活中，可以让孩子帮忙做做家务，当孩子完成任务后发自内心地表示感谢，让孩子明白帮助别人的快乐。父母也可以教给孩子明白："赞美的话"和"鼓励的话"是给别人最大的礼物。

不管怎样，通过做这些小事，会让孩子明白，为什么人际关系不是"接受与施与"，而是"施与与接受"了。

⑤ 快乐的能力

人生整体说来，就是一段崎岖不平、充满困难的道路。

当然，不会总是一帆风顺，遇到挫折和失败的时候还很多。因此，当失败跌倒的时候，要靠自己的力量重新站起来，再次迈步向前。这是比什么都重要的能力。

虽说如此，如果一味教育孩子要坚强勇敢，就像一棵大树猛然遇到狂风暴雨那样，有可能一下就折断了。相反地，遇上风雨时要柔软地低头，当雨过风停后，再伸直腰杆，像柳枝那样身段灵活。这也就是"抗挫能力"。要成为抗挫能力强的女孩，需要可以从任何小事上都感到快乐的能力和幽默感。

请父母在家庭生活中有意识地使用轻松快乐的对话和幽默的话语，让更多的笑声充满生活吧。

2

青春期女孩的父母不应该做的 11 件事

① 把孩子当成实现自己梦想的工具

"想着是为了孩子……"

只要是父母，谁都会这么想。但是，父母觉得好，孩子未必就感到幸福。

"当时要是有钱，我就算复读也要成为医生""要是当年能考入那所大学，人生就全然不同了"……如果父母有诸如此类的遗憾，就很容易将自己的梦想转嫁到孩子身上。

但是，孩子是一个独立的人，孩子有孩子喜欢的生活方式。请先让女儿接触尽可能多的选项，让她从中自由地选择吧。然后，请支持女儿所选的人生。

②与孩子完全成为朋友的关系

"我和妈妈简直就像是姐妹呢""爸爸和我就像是朋友的关系"，每当孩子这么说，父母总是很高兴。但是，父母既不是孩子的朋友，也不是孩子的兄弟姐妹。

处在大人和孩子之间的过渡阶段的青春期女孩，并不了解什么是真正的自由。换句话说，就是不知道哪里是行为的边界。因此，父母要摆出"可以的事情可以做，不可以的事情绝不能做"的坚决态度，给予孩子与年龄相匹配的自由度。这样，孩子就能学会在适度的范围内享受自由了。

还有，父母不可以对孩子有求必应。因为，如果孩子习惯了依赖父母，孩子就难以与别人构筑起信赖关系。

请不要做孩子的朋友，而是做孩子最棒的父母吧。

③只让女孩子做家务

当有男孩在场的时候,不可以说"因为是女孩子",所以只让女孩去帮忙做料理或扫除之类的家务。

因为这样的言行,会让孩子产生"家务是女人做的事"的想法。现在是女孩也能进入社会、与男孩一样地工作、实现自我的时代了。请教育孩子"就算结婚了,也要夫妇二人平等地分担家务和育儿"。

父母也必须告诉孩子"不仅是家务和育儿,在经济上也要各自分担"。除此之外,因为生孩子的只有女性,所以父母要告诉女儿选择能够在经济和精神上支持自己的男性。

不管如何,对男孩和女孩都要教会他们做家务,让孩子能够过独立的生活。

④让孩子期待白马王子的出现

我通过心理治疗的临床经历,吃惊地发现,很多事业有成的女性还抱有"想遇到一位温柔体贴的高富帅,从此过上幸福生活"的愿望。这简直就像是等待着白马王子从天而降、给自己带来幸福的灰姑娘一样。

但是，现实世界里没有白马王子。就算有那样完美的男人，也不能保证对方就选择自己；就算结婚了也不能保证对方不会出轨。

与其等待不存在的王子，不如自己获得经济能力，做自己喜欢的事，自己去争取幸福，这才更加可靠。

不要让自己的幸福掌握在别人手上,而是要握在自己手里。请告诉女儿这一点。

⑤ 总是追求少女般的状态

比起欧美女性,我认为日本女性更执着于年轻和可爱。

说得再刻薄点,这大概是因为男性在精神上还没有成熟,所以要么喜欢像母亲那样照顾自己的成熟型女性,要么喜欢像动漫主人公那样的少女型女性。

但是,反过来说,前述的两种母亲养出的女儿,很容易与妈宝男恋爱。虽然有必要保持女性的可爱,但这绝不等于幼稚。

如果父母在内心恐惧孩子的长大自立,一边对孩子说着"你要一直做个小宝宝哦",还一边暗自高兴,那么孩子就得不到成长,只能一直做个可爱但幼稚的巨婴。

请不要让孩子变得幼稚,而是要促进孩子精神上的自立。

⑥ 把孩子当成公主一样

如果父母过于宠爱女儿，把女儿当公主一样养，什么任性的行为都允许，那么女儿就会长成一个傲慢的女生。

变成一个任性傲慢的女孩，损失最大的是女孩自己。将来步入社会的时候，会被所有人讨厌、疏远，自己只有凄凉和孤独。而且，这样的孩子还不会承认一切是自己的问题，而是想要改变环境，甚至可能产生憎恨心理。

父母不可能永远陪伴孩子左右。父母的责任是，将女儿培养成一个在父母去世后、能够与一个值得信赖的人相爱、彼此扶持、度过幸福人生的人。

不要把孩子当成公主，必要时要教训她、教育她，将她培养成谦虚自省的人。

⑦ 母亲依靠他人生活

对孩子来说，同性的父母就是榜样一般的存在。因此，对于女孩来说，母亲的生活方式就是榜样。

如果母亲嘴上说着"女人必须自立"，但在经济和精神上都依赖丈夫的话，孩子就会认为"女人就是要依赖别人生存的"。另外，如果母亲忍受着父亲的虐待而生活，孩子就会认为"女人必须忍耐"。

母亲们，请为了女儿，努力向着自立的生活方式前进吧。母亲怀着目标努力工作的样子，与父亲平等地交换意见、握有人生主导权的态度，一定会对女儿的人生有正面的影响。

⑧父亲是"坏男人"的范本

正如之前说过的那样，母亲的生活方式就是女儿的榜样。那么，父亲又如何呢？

如果父亲是个有控制欲的大男子主义者，女儿则可能会选择相似的男性，或者正相反，也可能会选择完全不同的男性。

如果父亲是个沉迷于工作的工作狂，女儿可能也会选个工作狂男人，或者正相反，也可能会选择一个丝毫不会赚钱的男人。

就算有一个理想的完美父亲，女儿也可能会陷入恋父情结。真是两难啊。最重要的是，让女儿知道，父亲是一个值得信任的男人。

身为人夫、身为人父、身为社会人，您是否在每一种身份里都怀抱着责任与爱，诚实地生活呢？

您可以重新审视一下。

⑨让孩子承担父母的职责

家里有青春期女儿的父母，经常会依赖女儿，特别是长女，让她们帮忙做家务、育儿之类的事情。

虽然有必要让身为家庭一员的孩子来做些家事，但是，照顾小几岁的孩子并给予他们精神支持，是父母本就应该承担的工作，不能交给孩子代替。

常见的是，如果母亲本身就幸运地有一对好父母，就容易无意识地将长女当作父母一样依赖。

女儿为了获得父母的爱，可能就会承担父母的心理顾问角色或者其他责任。但是，青春期的女儿本来自己就要面对很多问题了。这个影响必定会以某种形式表现出来，可能当她长大成人、结婚以后，也会充当丈夫的母亲，就算被暴力对待，也无法离开。

请对此多加注意。

⑩ 没有教会孩子基本的礼仪和礼貌

不会和人打招呼、不懂得餐桌礼仪、在电车上化妆、基本上不使用敬语……这些不礼貌的行为在当今的女性中并不少见。

看到的人虽然表面上不说什么,但是在内心却会想"这孩子的成长环境肯定不怎么样""感觉那个孩子不太可靠啊"等。对女孩子来说,重要机会就会从身边溜走,说不定还会有大损失的。

真正的女性美,不是漂亮的妆容或华丽的装饰,而是有品位的谈吐、表情,以及由内而外表现出来的智慧和得体。

如果青春期的女孩开口就说"烦死了""吵死了"之类的话,父母要严肃地指正,并让孩子在头脑中牢牢地记住。

请教给女儿即便被烦扰了,也能高雅得体地应对的方法吧。

⑪ 父母自身陷入不幸

就像我多次说过的那样,父母和孩子是联结在一起的,简直就像是镜子内外的实体和影像。

不管孩子有多么叛逆,在心底也无不期盼着父母过得幸福和健康。为了让孩子幸福,首先父母必须幸福。

在我的心理治疗经历中,我吃惊地发现,有很多人表示"童年时代父母为了我而牺牲了自己的人生,实在是受不了"。

虽然父母有责任担负起孩子的人生，但是请不要让自己不幸，还让孩子感到自己对此有责任。

父母为自己成为父母而高兴，同时也朝着自己的人生目标而努力，这才会让孩子安心，并且在孩子长大之后，会成为他们人生道路上的最大助力。

3

父母疗愈自己，自然能解决孩子的问题

青春期的女孩，对父亲来说，不知道该怎么相处才好，实在是令人头痛；对母亲来说，有时候闹得鸡飞狗跳，有时候又非常值得信赖。

对于女孩来说，将本来"最喜欢的爸爸妈妈"，渐渐地开始看作一个独立的男性和一个独立的女性，不能接受、不能忍耐的事也越来越多了。

只是亲子关系本就已经很微妙了，而对青春期女孩来说，外面的世界也是不断地发生意外和问题。

日常生活中总会有这样那样的问题发生。真的，不管对父母来说还是对孩子来说，青春期都是一个重大的变动时期。

但反过来说，如果能够顺利地度过这段青春期，父母对孩子的教育、孩子向大人阶段的成长都能顺利进行，总之大家都能够安心了。

本书从潜意识的角度来探究青春期女孩所面临的问题，介绍了身为父母应该采取的立场。

各章节的内容都是我基于多年心理治疗的临床经验分析总结出来的。在各章的末尾，我增加了治愈父母童年创伤的内容。

之所以要这么做，是因为我通过 20 多年的潜意识领域心理治疗的经验，明白了如果父母能治愈自己的问题，孩子的问题自然也会得到改善和解决。

这乍看起来像是无稽之谈，实际上是有根据的。

正如我在序章里谈到的那样，沟通分析理论认为，人的一生就是基于童年时与父母的相处经历，朦胧地感知到"人就是这么生活、这么死亡的"，人生的剧本就像电影电视剧一样写在潜意识里。

这就是"人生脚本"，实际上，在人们长大后不知不觉间，就按照这个剧本来生活了。

我们人类就是这样受到父母的影响呢。

尤其是孩子小时候，父母和孩子简直就像镜子内外的影像，思考、感情、行动都是一致的。所以我们才说小孩子和父母是连在一起的。而且，这不只是指肉体上的，还有精神上的。

也就是说，在眼睛看不见的潜意识上，父母与孩子也是连接在一起的。

如果父母的内心有伤痛，这份伤痛就会以另一种形式表现在孩子身上。当然，不管是父母还是孩子，都不会意识到这一点。

因此，当孩子遇到什么问题时，父母也很难意识到问题的根源可能就在自己内心深处的伤痛上。父母为了解决孩子的问题，努力地向外部寻求原因和解决方法。我个人认为，这只是治标不治本。

当然，对外交流、改变环境也很重要，是父母必须要做的事。但是，与此同时，父母也需要正视问题的根源，如果着手解决，之后发生同样问题的可能就会减少。

请一定要正视自己内心的伤痛。

只有当您的内心被真正治愈，获得丰富、幸福的人生时，孩子的问题得到改善、解决的可能性才会提高。希望您要比孩子更加享受人生、珍惜自己。

后记

父母幸福的话，孩子也一定能够幸福——

感谢您将本书读到最后。

我曾经被女儿说"我虽然喜欢身为父母的您，但是却不怎么喜欢身为人的您"而大受震动，自那以后，已经过去了十几年的岁月。

我想对现在正为青春期女儿苦恼的您说：您真的辛苦了。

不管什么时候，父母绝不会忘记的就是对孩子的爱。父母想要为孩子屏蔽开世间所有的黑暗，不管遇上什么事，都想要守护孩子。只要想到孩子在痛苦，父母就想要为孩子做点什么。可怜天下父母心啊。

并不是生了孩子，就自然地能成为好父母。每天与孩子一起生活，将自己人生的时间与精力奉献给孩子、养育孩子，这才算得上是真正的父母。这与血缘没有关系。

"这个世界上，没有人比我更爱这孩子、更希望这孩子幸福的。"只有这么想的人，对孩子来说，才是真正的父母。

因此，就算现在青春期的女儿因为不成熟而对父母不理不睬，也不必慌张。只要您自身有身为父母的自信，就足够了。

多年前，我在出差前往福冈的飞机上遇到了乱气流，机身摇晃得非常厉害。乘客们的脸色明显都变了，机舱内蔓延着紧张的情绪。

我第一时间用 LINE 给女儿留下遗言说："飞机可能要坠落了。请你一定要幸福。"过了一会儿，女儿回了信息："我非常喜欢妈妈"，还带着一个搞笑的企鹅表情。

我不禁笑道："真是个害羞的小姑娘啊！"不知怎么地眼泪流了出来。

我希望通过本书，能让您好好地向女儿传达您的爱，并请您也与女儿一样幸福地生活。

孩子比父母爱孩子更甚地爱着父母。父母因为养育孩子而成为父母，而孩子自一出生，就深深地爱着您、信任着您。

是的，如果您不幸福，那么孩子也无法获得真正意义上的幸福。所以，请您也享受自己的人生吧。

本书正是基于这样的愿望而写成的。

最后，我要向一直诚实、真挚的出版社发自内心地表达谢意。

特别是撰写本书的提案、促成本书面世的出版社编辑，他和他的孩子们给了我巨大的能量来完成此书。非常感谢。

最后的最后，要感谢我的女儿：

回想起来，你的幽默和温柔真的给了我很大的帮助。

真的非常感谢。得到你的充分肯定，是妈妈的人生目标。

妈妈将一直守护你，请按照自己的意愿生活吧。

亲子心理交流协会代表 中野日出美

青春期女孩养育

父母需要知道的事